技工院校商贸类通用教材
中等职业学校商贸类通用教材

会计基础

（第二版）

刘海涛　主编

中国劳动社会保障出版社

简介

本书介绍了会计基础知识，内容包括会计的历史、原理与要素，会计账务基础，日常业务核算，期末业务处理，会计报表编制与分析。本书内容深浅得当，难易适中，结合大量的例子，通俗而较全面地讲解了会计工作的基本原理和基本方法，内容实用。

本书由刘海涛任主编，张红琴任副主编，王征、刘晓禹、丁含参加编写。

图书在版编目（CIP）数据

会计基础 / 刘海涛主编．--2 版．-- 北京：中国劳动社会保障出版社，2025. --（技工院校商贸类通用教材）（中等职业学校商贸类通用教材）. -- ISBN 978-7-5167-6880-8

Ⅰ. F230

中国国家版本馆 CIP 数据核字第 20253G3Y57 号

会计基础（第二版）

KUAIJI JICHU

中国劳动社会保障出版社出版发行

（北京市惠新东街 1 号　邮政编码：100029）

*

北京汇林印务有限公司印刷装订　　新华书店经销

787 毫米 ×1092 毫米　16 开本　11.75 印张　232 千字

2025 年 6 月第 2 版　　2025 年 6 月第 1 次印刷

定价：25.00 元

营销中心电话：400-606-6496

出版社网址：https://www.class.com.cn

https://jg.class.com.cn

前言 PREFACE

商贸类专业主要包括市场营销、会计、电子商务、物流管理等专业，这些专业对学生在经济、法律、管理、营销、礼仪等方面基础知识和基本能力的要求具有一定的共通性，适合开展通识教育。为此，我们曾组织编写了技工院校商贸类专业（中级层次）通用教材。

近年来，随着我国经济、社会和科技发展，市场营销、会计、电子商务、物流管理等领域的政策法规发生了一定的调整，部分专业的理论知识不断创新，行业发展模式发生较大变化，对相关从业人员的知识水平和职业能力水平提出了更高的要求。为适应这些变化，培养更加符合市场需求的商贸领域人才，我们组织了一批教学经验丰富、实践能力强的一线教师和行业、企业专家，在充分调研的基础上，对这套教材进行了修订。

本套教材主要有以下几个特点：

第一，通俗易懂，内容实用。教材本着学以致用的原则，充分考虑学校的培养目标、教学实际，学生的学习特点和企业的用人需求，将理论知识与操作技能有机融合，突出对学生实际操作能力的培养，修订了偏难、偏专、偏理论化的内容，切实做到管用、够用。

第二，贴近时代。教材加强对学生价值观的引导，力求体现近年来各专业相关理论和实践方面的发展趋势，与最新的法律法规、行业标准保持同步，具有鲜明的时代感。

第三，配套资源完善。教材同步开发了配套的电子课件及习题册，电子课件及习题册答案可登录技工教育网（jg.class.com.cn）搜索下载。部分教材针对教学重点和难点制作了演示视频等多媒体素材，学生扫描二维码即可在线观看或收听相应内容。

本套教材的编写得到了有关省市人力资源社会保障部门及一批技工院校的大力支持，教材的编审人员做了大量的工作，在此，我们表示衷心的感谢！同时，恳切希望广大读者对教材提出宝贵的意见和建议。

编者

目录 CONTENTS

第一章　会计的历史、原理与要素　/ 1

第一节　会计的历史　/ 2

第二节　会计假设和会计工作循环　/ 9

第三节　会计目标、会计要素、会计科目与会计账户　/ 12

第四节　会计要素核算　/ 20

第二章　会计账务基础　/ 34

第一节　建账　/ 35

第二节　填制审核原始凭证　/ 43

第三节　填制审核记账凭证　/ 58

第四节　记账与错账更正　/ 64

第三章　日常业务核算　/ 74

第一节　融资业务核算　/ 75

第二节　增值税简易核算　/ 86
第三节　采购业务核算　/ 91
第四节　销售业务核算　/ 99
第五节　日常费用核算与分析　/ 105

第四章　期末业务处理　/ 116

第一节　对账与财产清查　/ 117
第二节　期末调整　/ 127
第三节　利润的形成及分配　/ 138
第四节　结账与会计档案的管理　/ 147

第五章　会计报表编制与分析　/ 155

第一节　会计报表概述　/ 156
第二节　资产负债表的编制　/ 160
第三节　利润表的编制　/ 167
第四节　会计报表简易分析　/ 174

第一章 会计的历史、原理与要素

无论是经营网络遍布各地的大型连锁企业，还是我们身边随处可见的街头小店，经营者都需要了解，企业在一段时间内到底是赚了还是亏了，以及赚（亏）了多少钱。为此，企业需要把每一笔收入和支出都记下来，并根据这些数据来掌握企业的财务状况。会计的任务就是专业、系统地将这些数据整理得井井有条，做成会计报表，让人们一眼就能看出企业的财务状况和经营成果。而且，会计并不只是简单地记账，还要监督企业的经济活动是否合法、合理，确保企业的钱花得对、花得值。通俗地说，会计就是企业的“钱管家”和“记账员”，是以货币为计量单位，核算和监督企业经济活动的一项经济管理活动。

在会计工作中，首先，应根据经济业务中交易和事项特征的不同，将核算内容分为资产、负债、所有者权益、收入、费用和利润六项要素（即会计六要素）；然后，将其进一步细分为会计科目和会计账户，再依据复式记账法的要求编写会计分录，记录企业的经济活动，将其登记到对应的会计账户上；最后，根据会计账户编制会计报表，从而实现会计目标，满足报表使用者的决策需求。

学习目标

【知识目标】

1. 掌握会计目标、会计要素、会计科目、会计账户等基本概念。
2. 理解复式记账法、试算平衡原理、常见会计科目与经济业务的关系。
3. 熟悉会计简史。

【能力目标】

1. 能运用复式记账法编写基本的会计分录。

2. 能根据会计分录登记丁字账户，编制试算平衡表。

【职业素养与思政素养目标】

1. 深化对经济基础和上层建筑关系的理解，树立正确的历史观、世界观、价值观。

2. 培养系统性思维、严谨认真的工作习惯和精益求精的工匠精神。

第一节 会计的历史

知识提要

在远古时期，人类社会就已经出现了会计思想的萌芽。当古代社会形成了复杂的经济体系后，会计便正式出现了。进入近代，随着公司的诞生以及所有权与经营权的分离，会计成为监督企业运营的重要工具。复式记账法的出现，提高了会计信息的准确度和透明度。审计监督与会计法规的逐步完善，有效防止了财务舞弊，维护了金融市场秩序。

现代会计分为财务会计和管理会计两大分支，前者侧重外部报告，后者则专注于企业内部管理。会计在企业管理和经济发展中发挥着关键作用。

一、会计思想的萌芽

在远古时期，人类主要靠狩猎和采摘生存。如果某一次获取的食物较多，人类可能会储存一部分，以后再进行分配。为了记录这些食物的数量，有些地方的人类就会用绳子打一个绳结来记录，这就是结绳记事。有些地方的人类则以石子或者泥板等记数。例如，古巴比伦人在泥板上刻数，进行记录，如图 1–1–1 所示。会计思想的萌芽就在这样的记录活动中产生了。

如果需要储存的食物种类较多，人类会用不同的绳子进行记录。例如，在不同绳子一端分别拴上狐狸耳朵和兔子耳朵来表示这条绳子的“核算对象”是狐狸还是兔子，这样就产生了原始的分类思想。现代的会计账户就是这种原始分类思想的体现。

在这一时期，这样的“核算”十分简单，并没有单独的会计职业，没有货币，对食物等劳动成果也不能汇总核算，因此，这类活动只能称为会计的雏形，还不能称为会计。

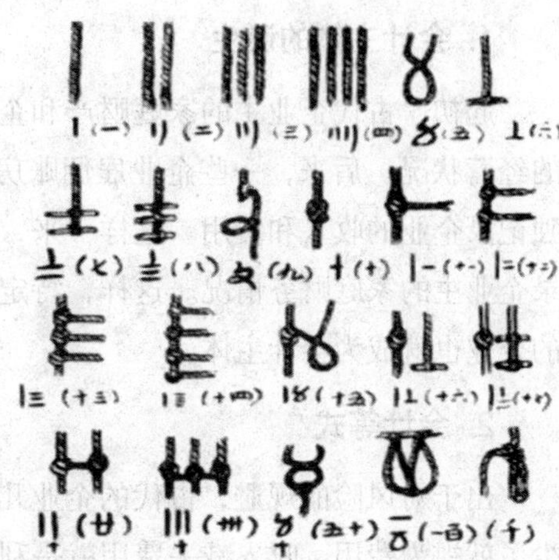

图 1-1-1　结绳记事和泥板记数

课堂练习

假设在原始社会，某个部落某一天上午打到 9 只兔子，下午吃掉了 3 只兔子。请你在表 1-1-1 中登记这一天的“账务”（不考虑期初数）。

表 1-1-1　模拟账户登记表

账户名称：　　　　　　　　　　　　　　　　　　　　　单位：只

日期	摘要	增加	减少	结余

有关说明事项如下：

1. 账务是记录经济活动的载体，其外在形式为账簿。
2. 账户名称为核算对象，可以是兔子、苹果等。
3. 摘要为活动的简述，如狩猎、采摘等。
4. 每笔业务登记 1 行。

二、古代会计的诞生

随着生产力的不断发展，人类社会出现了社会大分工，推动了生产和商品交换的发展，商品交换又导致了货币的产生，人们使用货币可以全面、连续、系统地记录和核算人类的经济活动。由于从事这样的记录核算工作需要经过专门学习和训练，此时便出现了专职会计人员，古代会计也就诞生了。

1. 会计主体的诞生

起初，古代企业主的家庭财产和企业财产一般不作区分，这造成无法分析判断企业的经营状况。后来，一些企业雇佣账房先生（会计），对企业的财产进行单独核算，单独记录企业的收入和费用。这样一来，核算范围限定为企业的资产、收支和盈亏，不记录企业主的家庭财务情况。这样，特定的企业就成为一个独立的核算对象，会计所服务的企业也就成为会计主体。

2. 会计等式

出于对风险的规避，古代的企业几乎不存在借款经营，财产多了就当作收入，财产少了就视为费用，收入减去费用就是利润，即：

收入 - 费用 = 利润

后来，人们意识到每年剩下的资产不一定都是当年的经营利润，还有一部分可能是上一年的结余。为了对此加以区分，在唐宋时期我国出现了独特的会计结算方法——四柱法，即将核算项目分为上期结余、本期收入、本期支出、本期结余四项。其关系为：

上期结余 + 本期收入 - 本期支出 = 本期结余

这一等式蕴含了会计分期的思想，能够反映企业一定时期内的经济活动结果。

课堂练习

假设唐代某织布作坊掌柜盘点作坊各项财产，总计折合 500 两白银（白银为货币），账房记录当年销售布匹收入合计 300 两白银，采购丝绸、支付工资等的费用支出合计 180 两白银，年末盘点各项财产总计折合 620 两白银。请分别按账簿和盘点结果计算该作坊当年的利润。

按账簿计算的利润 = 收入 - 费用 =（　　）-（　　）=

按盘点结果计算的利润 = 年末财产 - 年初财产 =（　　）-（　　）=

思考：两个计算结果是否一致？为什么？

3. 中西方记账习惯的不同

古代的企业很少借款，企业资产几乎都是所有者的，因此在记账的时候往往只核算资产。在我国，资产增加记录到账户的上边，减少记录到账户的下边，简称“天收地付”。在西方，资产增加记录到账户左边（借方），减少记录到账户右边（贷方），可以简称“借（左）增贷（右）减”。实际上，这是由中西方不同的书写习惯导致的，中国古人的习惯是从上往下书写，西方人的习惯是从左往右书写。

4. 古代的会计监督功能

在我国古代，记账的主要是官府和大的经营实体。官府会计的主要目标是保证政府的财产安全，有一套比较严谨的监督和核对体系。

我国在西周的时候，就有了一套对每日、每月、每年收支情况进行核对的体系。同时，政府规定保管钱粮的部门和会计记账部门分离，各自单独记录，再由“司会”核对，以使各部门相互牵制，防止钱粮保管部门监守自盗。现代企业中，出纳负责办理资金收付业务，会计负责记账也是基于同样的原因。

《中华人民共和国会计法》第二十五条规定，“记账人员与经济业务事项和会计事项的审批人员、经办人员、财物保管人员的职责权限应当明确，并相互分离、相互制约”。

我国古代的民间会计比较简单，其主要目的是计算企业的家底，了解当期盈亏，同时防止雇员舞弊。当采购、销售等业务发生时，账房先生先登记“草流”（不分类的流水账，字迹潦草），在空闲的时候根据“草流”登记“细流”（相当于现在的明细账），在年底根据“细流”编制“结册”（相当于现在的会计报表）。其中，进（收入）缴（费用）结册相当于现在的利润表，存（财产）除（股东投入和负债）结册相当于现在的资产负债表。

知识链接

《会计基础工作规范》第五十二条第三款规定，“汉字大写数字金额如零、壹、贰、叁、肆、伍、陆、柒、捌、玖、拾、佰、仟、万、亿等，一律用正楷或者行书体书写，不得用〇、一、二、三、四、五、六、七、八、九、十等简化字代替，不得任意自造简化字。大写金额数字到元或者角为止的，在‘元’或者‘角’字之后应当写‘整’字或者‘正’字；大写金额数字有分的，分字后面不写‘整’或者‘正’字”。

课堂练习

假设某粮店采用转账支票支付 1 234 567.89 元货款给某农场，请填写该转账支票的金额（大写）：____。

三、近代会计的发展

1. 近代会计主体——公司的诞生

在大航海时代，由于进行海上贸易需要很多资金，单个企业主很难负担，就需要大量的借款，在航行回来赚到钱后偿还。而海上贸易的风险很大，一旦出现事故，损失惨重，企业主将不得不用家庭财产偿还借款，这就严重挫伤了企业主从事海上贸易的积极性。由此在英国逐渐形成了一种公司制度，即企业主对公司债务的责任仅限于自己的出资额，对于超出出资额的债务，企业主可以不用偿还，这就是有限责任制。

在现代社会，每一个公司就是会计工作服务的特定对象，也就是一个会计主体。

2. 复式记账法的出现

到了近代，企业除了收入，还出现了借款，因此会计不仅要核算资产的价值属性，还要核算资产的权属关系。此时使用传统的记账方法，就容易出现漏登或者记错金额的情况。例如，A 面包公司从 B 面粉厂赊购材料 1 万元，由于疏忽，会计人员只在“原材料”账户上记录了 1 万元，忘记在“应付账款”账户上记录，或是在“应付账款”账户上错误登记为 1 000 元。对于资产类账户中的错误，企业可以通过资产盘点发现，但负债和所有者权益类账户中的错误无法通过盘点发现，这就容易产生问题，影响企业的经营。

这一问题曾困扰了西方许多年。直到 1494 年，意大利数学家卢卡・帕乔利发明了复式记账法，才解决了这一问题。复式记账法的产生标志着近代会计的形成，而卢卡・帕乔利也因此被称为近代会计之父。卢卡・帕乔利认为，既然资产可以通过盘点验证，而且资产等于负债加上所有者权益，那么负债和所有者权益可以通过资产得到验证。如果企业的所有资产等于负债加上所有者权益，那么账目大概率是正确的，否则一定是错的。

为了方便验证，卢卡・帕乔利规定资产增加记录到账户借方（右边），负债和所有者权益增加记录到账户的贷方（左边），减少则方向相反。这样，只要资产以及负债和所有者权益增加（或减少）记录相互抵销，就可以使所有账户的借方合计数等于所有账户的贷方合计数，这种记账方法可以克服会计疏忽导致的记账错误。

3. 审计监督与会计法规的产生

股份有限公司的所有权和经营权分离，投资者（所有者）委托管理人员经营公司。而个别管理人员可能存在腐败和不尽职的现象，因此投资者需要聘请会计人员记录和监督管理层的经营行为，这是近代会计产生的主要原因，同时也是会计的目标之一。

为了防止会计舞弊，保护金融市场秩序和投资者利益，世界各国都出台了法律法规，用于规范会计的核算方法和工作要求。我国在 1985 年颁布了《中华人民共和国会计法》，2006 年财政部制定了与国际接轨的《企业会计准则——基本准则》。

跨国公司出现后，为了方便各国的投资者阅读会计报表，英国、美国等国的会计职业团体于 1973 年成立了国际会计准则委员会（现变更为国际会计准则理事会），制定了《国际会计准则》(现更名为《国际财务报告准则》)。目前该组织有一百多个国家加入，我国也是成员之一。

我国的《企业会计准则——基本准则》由财政部制定，于 2006 年 2 月 15 日发布，自 2007 年 1 月 1 日起施行。我国的企业会计准则体系包括基本准则、具体准则和应用指南。

四、现代社会的会计

20 世纪初期，产生了侧重于企业内部管理、以提高企业效益为目标的管理会计，传统的侧重于向股东和债权人报告财务状况的会计则称为财务会计。账务会计和管理会计两大会计分支的形成标志着现代会计的产生。

财务会计侧重为外部报表使用者服务。为了防止企业欺骗股东、债权人等，世界各国对财务会计的监管都很严格，制定了很多法律法规。

会计岗位职责

现代会计的基本职责是核算和监督企业经济活动，除此之外还包括预测经济前景、参与经济决策、评价经营业绩等拓展职能。由于各个企业的具体情况不同，不同企业的会计岗位职责也不完全相同。总的来说，会计岗位职责包括以下主要内容：

1. 记好总账及各种明细账。手续完备，数字准确，书写整洁，登记及时，账目清楚。

2. 编制季度决算、年终决算、年初预算和其他方面有关报表。

3. 认真审核原始凭证，严格控制开支范围，执行开支标准。

4. 定期核对固定资产账目，做到账物相符。

5. 定期装订会计凭证、账簿、表册等，并妥善保管和存档。

6. 掌管财务印章，严格控制支票的签发。

五、展望会计的未来

随着互联网和人工智能技术的发展，财务共享服务中心、财务机器人以及人工智能程序的出现，核算和监督等会计基本职能将逐渐被计算机取代，而预测经济前景、参与经济决策、评价经营业绩等会计职能将更加突出。

有些会计部门参与对经济前景的预测，与其他业务部门共同制定企业的预算，监督预算的执行，分析预算和实际结果的差异，为提高企业的经济效益提出合理建议，由过去的“记账先生”逐渐转变为企业的“军师”。过去的业务驱动财务，也逐渐转变成财务引导业务。

总的来说，新技术的出现将会计从过去繁重的计算活动中解脱出来，未来的会计在引导和规范企业健康发展方面将发挥不可替代的重要作用。只要以竞争和协作关系为主的市场经济还存在，会计工作就仍然重要，甚至会比以前更加重要。

思政小课堂

会 计 诚 信

北京国家会计学院的校训是：诚信为本，操守为重，坚持准则，不做假账。

作为会计人员，要以诚信为本，从大处着眼、小处着手，既要胸怀家国，又要谨小慎微。账簿和报表上的数字并不是单纯的数字，每一个数字的后面都是企业的经济活动，而这些活动可能会影响个人、企业甚至国家的命运。

第二节 会计假设和会计工作循环

知识提要

会计主体、持续经营、会计分期、货币计量被称为会计的四大假设，它们是进行会计核算工作应当明确的前提条件。

会计工作的6个具体工作步骤是取得及审核原始凭证、填制及审核记账凭证、登记账簿、对账、结账、编制会计报表，这些步骤周而复始，形成了会计工作循环。

一、会计假设

开展会计核算工作前，首先需要确认会计服务的特定单位，这被称为会计主体假设。

这个企业在可预见的一段时间能够正常经营下去，这被称为持续经营假设。

对于持续经营的企业，会计需要人为划分相等时间（我国分为月、季度、半年和年）进行结账并核算盈亏，这被称为会计分期假设。

会计需要将各种计量单位统一为货币单位进行计量，这被称为货币计量假设。

会计主体、持续经营、会计分期、货币计量被称为会计的四大假设，它们是进行会计核算工作应当明确的前提条件。

二、会计工作循环

会计确认、计量、报告是会计核算的三个基本环节，在实务中对应6个具体工作步骤，即取得及审核原始凭证、填制及审核记账凭证、登记账簿、对账、结账、编制会计报表，这些步骤构成了会计工作循环，如图1–2–1所示。

1. 取得及审核原始凭证

企业经济活动发生后，一般都会存在相应的文字证据，这些证据在会计上称为原始凭证。例如，采购时会有销售方开的发票，商品入库会有入库单，生产领料会有领料单，支付工资会有工资表，销售时会给客户开具发票（见图1–2–2），这些发票、领料单、薪酬表等就属于原始凭证。这些原始凭证是会计核算的依据。

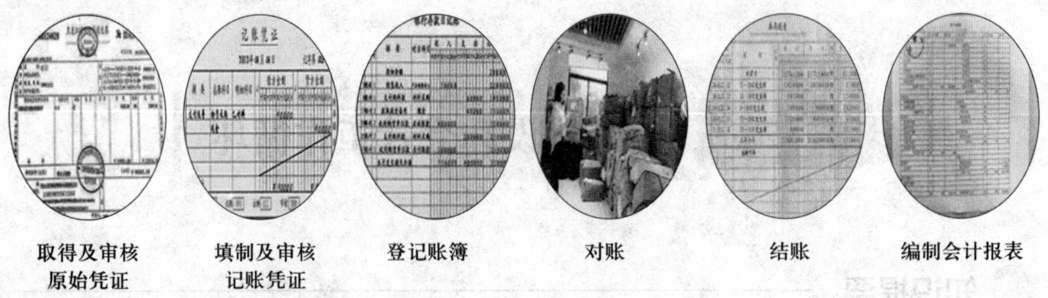

图 1–2–1　会计工作循环

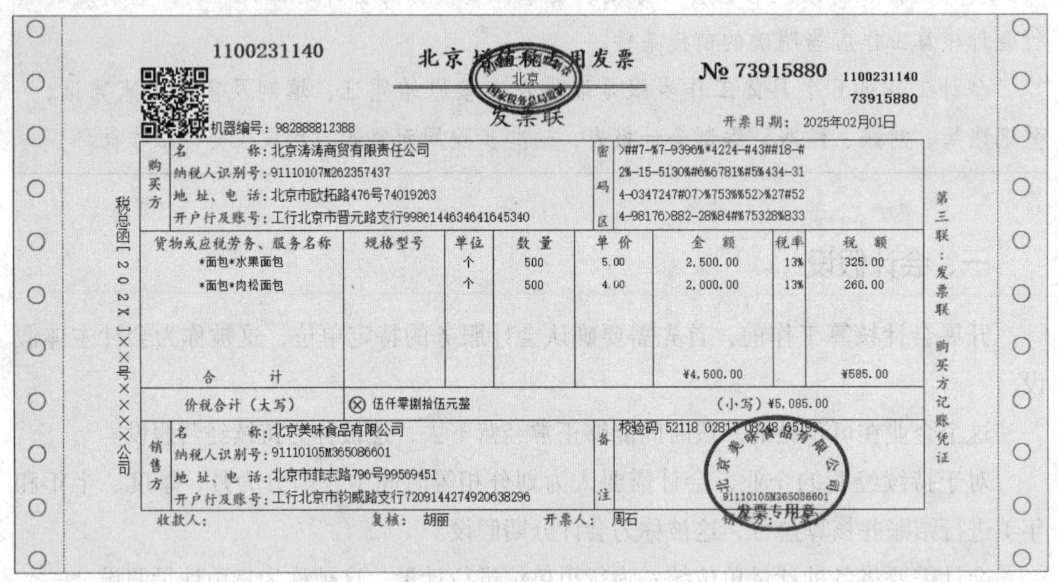

1100231140

北京增值税专用发票

北京

发票联

№ 73915880　1100231140 73915880

机器编号：982888812388

开票日期：2025年02月01日

购买方	名　　称：北京涛涛商贸有限责任公司 纳税人识别号：91110107M262357437 地 址、电 话：北京市欧拓路476号74019263 开户行及账号：工行北京市晋元路支行9986144634641645340	密码区	>##7-%7-9396%*4224-#43##18-# 2%-15-5130%#6%6781%#5%#434-31 4-0347247#07>%753%%52>%27#52 4-98176>882-28%84#%75328%833

货物或应税劳务、服务名称	规格型号	单位	数量	单价	金额	税率	税额
*面包*水果面包		个	500	5.00	2,500.00	13%	325.00
*面包*肉松面包		个	500	4.00	2,000.00	13%	260.00
合　　计					¥4,500.00		¥585.00
价税合计（大写）	⊗伍仟零捌拾伍元整				（小写）¥5,085.00		

销售方	名　　称：北京美味食品有限公司 纳税人识别号：91110105M365086601 地 址、电 话：北京市菲志路796号99569451 开户行及账号：工行北京市钧威路支行7209144274920638296	备注	校验码 52118 02817 08248 65195 北京美味食品有限公司 91110105M365086601 发票专用章

收款人：　　复核：胡丽　　开票人：周石　　销售方：（章）

税总函［202X］××号×××公司

第三联：发票联 购买方记账凭证

图 1–2–2　发票

取得和审核原始凭证是核算的起点。会计通过对这些原始凭证的审核，不仅能保证会计核算的准确性，还能监督企业经济活动，以此减少违法违规行为的发生。

并不是所有原始凭证都需要提交给会计，只有影响企业财务状况、经营成果、现金流量的经济活动的原始凭证才会被会计收集和审核，进入会计确认环节。

2. 填制及审核记账凭证

会计无法根据经济活动或者原始凭证直接记账，需要先依据复式记账法的规则和经济活动的内容编制记账凭证（见图 1–2–3），将原始凭证粘贴在记账凭证后，再登记账簿。

3. 登记账簿

为了保证账簿记录真实、正确，必须根据审核无误的会计凭证记账。各单位每天发生的各种经济业务都要记账，记账的依据是会计凭证。

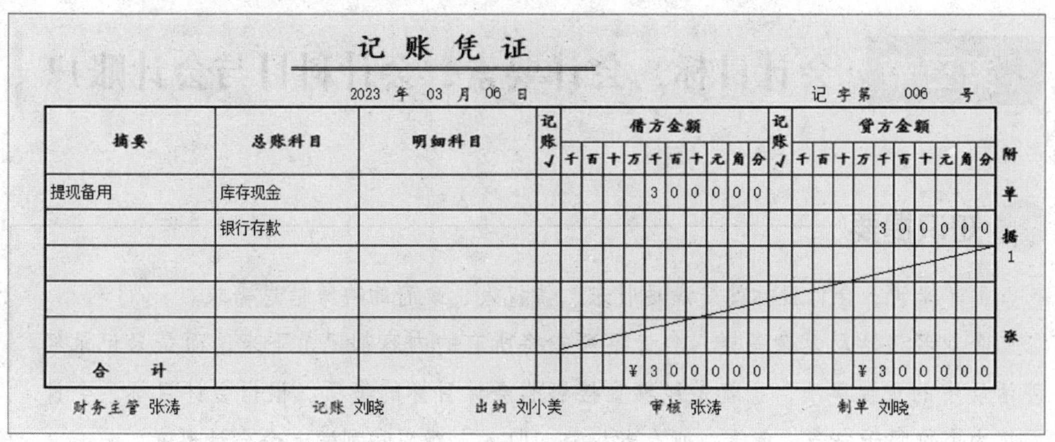

记 账 凭 证

2023 年 03 月 06 日　　　　记字第 006 号

摘要	总账科目	明细科目	记账	借方金额										记账	贷方金额								
			√	千	百	十	万	千	百	十	元	角	分	√	千	百	十	万	千	百	十	元	角	分
提现备用	库存现金							3	0	0	0	0	0											
	银行存款																		3	0	0	0	0	0
合　计							¥	3	0	0	0	0	0					¥	3	0	0	0	0	0

附单据 1 张

财务主管 张涛　记账 刘晓　出纳 刘小美　审核 张涛　制单 刘晓

图 1-2-3　记账凭证

4. 对账

为了检验账簿的准确性，还要进行对账。对账包括账证核对（账目和凭证）、账账核对（账目和账目）、账实核对（账目和实物）。其中账实核对主要采用财产清查的方法。

5. 结账

会计在期末需要计算盈亏，反映财务状况，即将当期所有的账户结算出余额，并将所有收益、费用和损失等结转到“本年利润”账户。

6. 编制会计报表

过多的账簿不便于股东、债权人、政府部门等会计信息使用者阅读，为此会计人员需要编制资产负债表、利润表等会计报表，来反映企业的财务状况和经营成果。

上述工作完成后，会计人员就开始下一个期间的工作，周而复始，从而形成会计工作循环。完成这一循环主要是通过会计核算和监督进行的，因此，核算和监督企业的经济活动是会计的基本职能。

上述工作的具体操作步骤会在后面的内容中详细进行介绍。

第三节 会计目标、会计要素、会计科目与会计账户

知识提要

简单来说，会计目标就是满足股东、债权人、政府的决策信息需求。

企业经济活动复杂多样，会计不可能将所有的内容都记录下来，而是只记录经济活动中的重要事项，也就是能够直接影响会计目标的事项。根据会计目标，会计核算内容仅限于资产、负债、所有者权益、收入、费用和利润六个会计要素。

会计六要素只是大的类别，要具体操作，还要将其细化为各个会计账户，会计账户的名称则是会计科目。

会计人员通过复式记账法将经济活动登记到会计账户中，最后根据会计账户中的金额编制会计报表，从而实现会计目标。

一、会计目标

一般来说，会计目标是满足会计信息使用者的决策需求，反映企业管理层受托责任的履行情况，以帮助财务会计报告使用者作出经济决策。

在会计实务中，由于会计目标侧重点不同，通常将企业会计分为财务会计和管理会计。

侧重为企业外部的投资者和债权人服务的是财务会计，侧重为企业管理者服务的是管理会计。管理会计的目标是满足企业内部管理者（包括董事、总经理、中层管理者、基层管理者）对提高经济效益的决策需求。财务会计主要为投资者投资决策、债权人放贷决策、国家税收及调控经济方面的决策服务。

债权人主要关注借给企业的款项未来是否能够准时收回，即侧重企业的偿债能力。企业的资产是企业还债的基础。因此，会计人员需要编制资产负债表，以反映企业的财务状况和偿债能力，如图 1-3-1 所示。

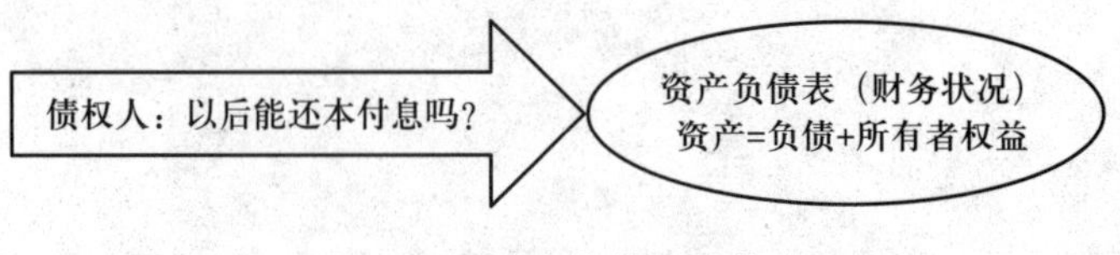

图 1-3-1　资产负债表的作用

投资者（所有者）主要关注所投入资本的保值和增值情况，而资本的保值和增值是通过企业经营的利润来实现的，所以投资者通常更关注企业经营成果和盈利情况。因此，会计人员需要编制利润表，以反映企业经营成果和盈利能力，如图 1-3-2 所示。

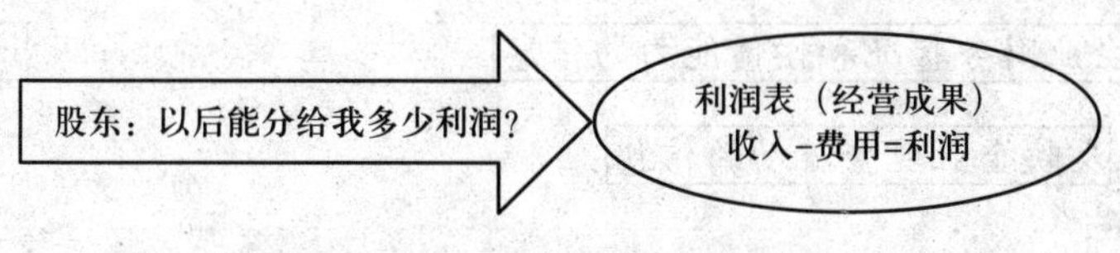

图 1-3-2　利润表的作用

无论是债权人还是投资者，都关注企业的现金流动和结存情况，因此，会计还需要编制现金流量表，以反映企业现金流量情况，如图 1-3-3 所示。

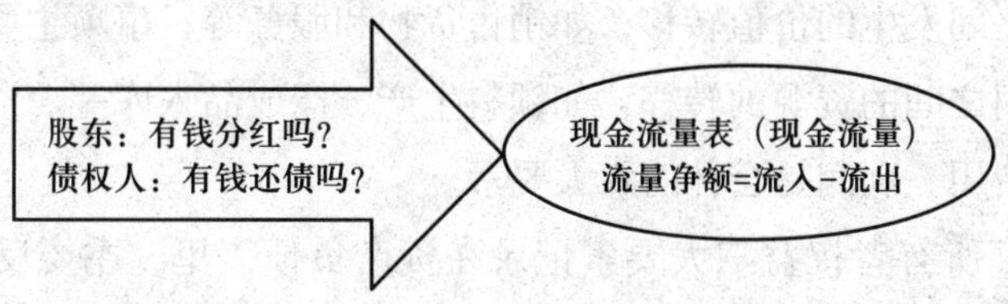

图 1-3-3　现金流量表的作用

现代企业特别是股份有限公司都有众多投资者（所有者），而大部分投资者由于自身能力和兴趣等原因无法直接参与企业的经营和管理，为此，企业需要聘请专业人才担任企业的管理者，这样就形成了企业所有者将自己的财产委托给企业管理者经营的委托关系。在委托关系中，有可能存在受托人（企业管理者）过于考虑自身利益而伤害委托人（企业所有者）利益的情况，如企业管理者不尽职、收受贿赂等。为此，企业的所有者需要聘请会计人员记录企业管理者开展的业务，从而对企业管理者进行制约和监督。

《企业会计准则——基本准则》第四条规定，企业应当编制财务会计报告。财务会计报告的目标是向财务会计报告使用者提供与企业财务状况、经营成果和现金流量等有关的会计信息，反映企业管理层受托责任履行情况，有助于财务会计报告使用者作出经济决策。

课堂练习

请将下面的会计信息需求和对应的会计报表用直线连接起来。

反映企业经营成果和盈利能力的信息	资产负债表
反映企业财务状况和偿债能力的信息	现金流量表
反映企业现金流动的信息	利润表

二、会计要素与会计等式

会计要素是根据交易和事项的经济特征所确定的会计对象的基本分类。其中，交易是不同会计主体之间发生的价值转移，如销售货物和服务等；事项主要指发生在一个会计主体内部各部门之间的资源的转移，如领料生产、产成品入库等。资产、负债、所有者权益、收入、费用、利润是会计的六大要素。

资产、负债、所有者权益三大要素记录在资产负债表里，主要反映企业的财务状况（家底）。收入、费用和利润三大要素记录在利润表里，主要反映企业的经营成果（盈亏）。

这六个会计要素的关系可表现为以下两个等式：

资产 = 负债 + 所有者权益　　（会计第一等式）

收入 − 费用 = 利润　　（会计第二等式）

其中，会计第二等式是由会计第一等式演化而来。收入导致所有者权益的增加，费用导致所有者权益的减少，可以通过所有者权益的增减来表示收入和费用。由于股东等投资者非常关心企业的收入和费用，就在会计日常核算的时候将收入和费用从所有者权益中单独分离出来，期末的时候收入和费用抵销形成利润后，再归入所有者权益类账户。因此，收入和费用类账户的期末余额都为0。

课堂练习

根据所学知识，在横线上填写合适的内容。

1. 反映企业财务状况的会计要素是________，它等于________加上________。

2. 反映企业经营成果的会计要素是________，它等于________和________之差。

3. 期末余额为0的会计要素是________和________。

三、会计科目与会计账户

1. 会计科目

会计要素是对会计核算内容的基本分类，而会计科目是对会计要素的具体内容进行分类核算的类目。例如，已知某企业总资产为 5 000 万元，但这 5 000 万元中具体包含了多少银行存款、原材料、商品存货、厂房及设备等各项细目，仅根据一个数字难以判断。因此，在会计实务中，有必要对会计要素进行更为细致的划分，这一划分结果即会计科目。

会计科目构成了会计核算的具体对象，它分为总分类科目与明细分类科目两大类。明细分类科目对总分类科目起详细阐释与说明的作用。

总分类科目又称总账科目或一级科目，通常由国家统一制定。在特定情况下，企业可以自行设定，但须报财政部门备案。

明细分类科目又称明细科目或细目，明细科目可分为一级科目、二级科目、三级科目等层次。明细科目是依据企业自身业务需求灵活设置的。以“库存商品”为例，该科目由国家统一规定，而其下的明细科目，如“水果面包”“肉松面包”等，则由会计根据实际业务需要增设。

分级会计科目示例见表 1-3-1。

表 1-3-1　分级会计科目示例

一级账户名称（一级科目）	二级账户名称（二级科目）	三级账户名称（三级科目）	四级账户名称（四级科目）
库存商品	食物类	豆类	黄豆
			黑豆
		面类	玉米面
	果蔬类	菜类	白菜

在会计实务中，通过对这些明细科目的详细核算与记录，会计人员能够逐步汇总数据至总分类科目，并最终编制成完整的会计报表。这一过程确保了会计信息的全面性与准确性，从而有效实现会计目标，如图 1-3-4 所示。

2. 会计账户

会计科目仅列出会计核算对象的名称，不具备可以记录经济活动的结构，而财务人员要记录企业的经济活动，就需要给会计科目增加可以用于记录的结构。有了结构的会计科目，就形成了会计账户（简称账户）。

会计账户可分为总分类账户和明细分类账户。根据总分类科目设置的账户就是总分

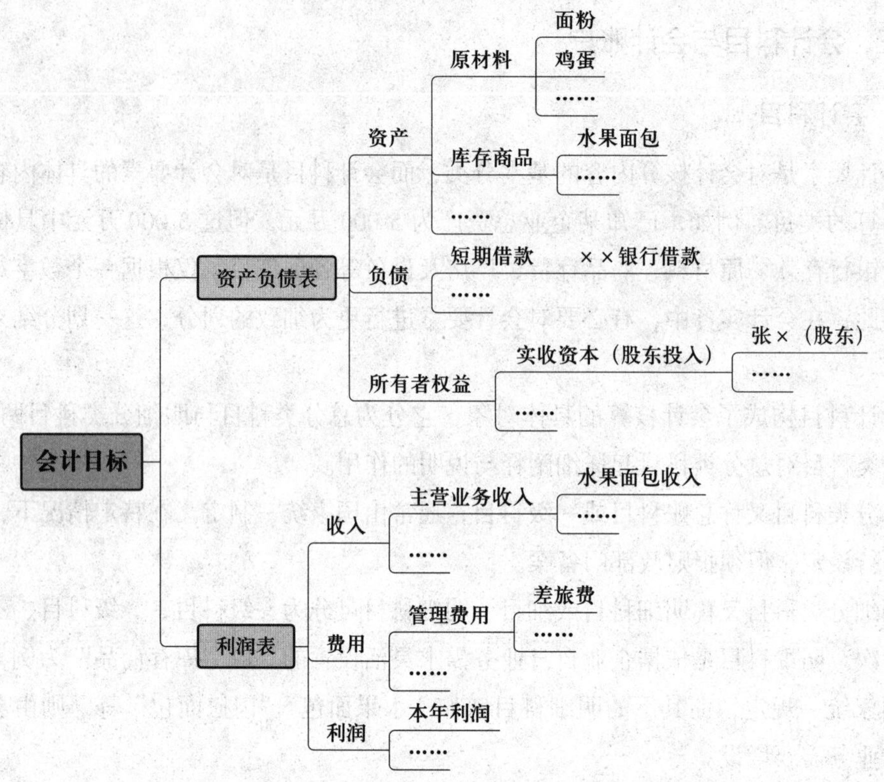

图 1–3–4　会计目标与会计科目的关系

类账户，又称总账账户。总账账户可以分为资产类账户、负债类账户、共同类账户、所有者权益类账户、成本费用类账户和损益类账户六类。根据明细科目设置的账户就是明细分类账户，简称明细账户。

（1）会计账户的构成

会计账户主要由以下要素构成：

1）会计账户的名称，即会计科目；

2）日期，即所依据记账凭证中注明的日期；

3）凭证号，即所依据记账凭证的编号；

4）摘要，即经济业务的简要说明；

5）金额，即借方金额、贷方金额和余额。

（2）会计账户中的借贷方向

如果将账户中的金额增减额都写在同一栏，统计核算时就非常不方便，而且容易出错。因此，账户一般设置借、贷两部分，一方专门记录账户金额增加的业务，一方专门记录账户金额减少的业务。表 1–3–2 体现了某企业“库存现金”账户的变动情况。

表 1-3-2 库存现金明细账示例

库存现金（账户名称） 单位：元

2023 年		凭证		摘要	借方	贷方	余额
月	日	字	号				
10	1			期初余额			5 000
10	1	记	01	购买大米		1 000	4 000
10	1	记	02	收回货款	1 000		5 000

金额的增加或减少应该记在借方还是贷方，要根据账户所属的会计要素判断。账户属于资产要素的，增加额记录到借方；属于负债和所有者权益要素的，增加额记录到贷方。由于获得收入会导致所有者权益增加，所以收入类账户（属于损益类账户）的增加额也记录到贷方。由于费用会导致所有者权益减少，所以费用类账户的增加额记录到借方。

综上，资产、成本费用类账户的增加额记录到借方，减少额记录到贷方；负债、所有者权益、收入类账户的增加额记录到贷方，减少额记录到借方。这样就能够保证所有账户的借方合计数等于贷方合计数，如图 1-3-5 所示。

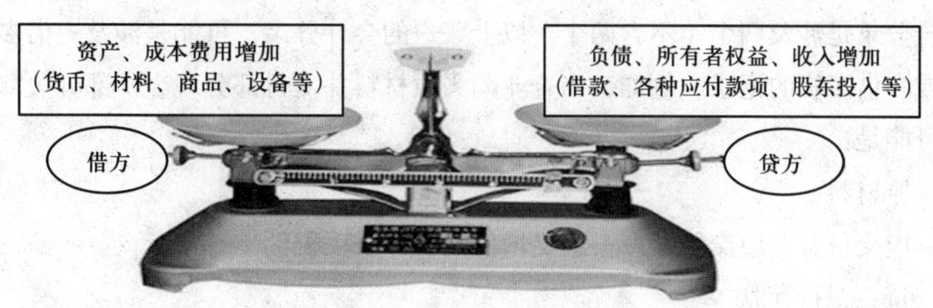

图 1-3-5 借贷平衡

此外，账户上记录的金额由期初余额、本期发生增加额、本期发生减少额、期末余额四部分组成，它们之间的关系可以用以下公式表示：

期末余额 = 期初余额 + 本期发生增加额 − 本期发生减少额

（3）丁字账户与会计分录

实务中的账户虽然详细明了，但登记烦琐。为了便于学习，教学中通常使用简易的会计账户——丁字账户（也称 T 形账户）。该账户去掉日期、摘要、凭证号等内容，只登记借方金额、贷方金额和余额，如图 1-3-6 所示。

丁字账户的上方正中是账户名称，左边是借方，右边是贷方。账户名称下画一条横线和一条竖线，竖线将账户分为左（借方）、右（贷方）两部分。属于借方的金额记录在账户的左边，属于贷方的金额记录在账户的右边。

表 1-3-2 中的内容可以用丁字账户表达，如图 1-3-7 所示。

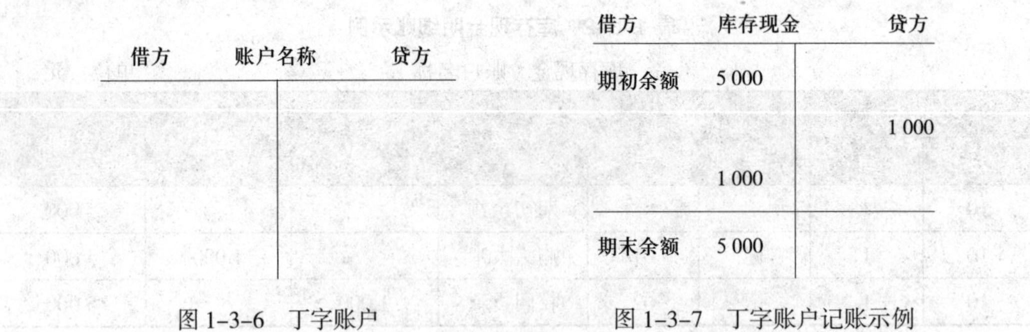

图 1–3–6　丁字账户　　　　图 1–3–7　丁字账户记账示例

在学习中，一般在记账前根据经济业务编写会计分录（简称分录）。会计分录是标明某项经济业务应借、应贷账户的名称及其金额的记录。会计分录能够清晰地反映经济业务的实质，为编制会计报表提供基础数据。会计分录分为简单分录和复合分录。

简单分录是只涉及两个账户的会计分录，即一借一贷的会计分录。例如，当企业收到现金时，会计分录可能是：

借：库存现金

　　贷：应收账款

复合分录是涉及两个（不含两个）以上账户的会计分录，可能是涉及一借多贷、多借一贷或多借多贷的记录。例如，当企业购买原材料并支付部分现金、部分欠款时，会计分录可能是：

借：原材料

　　应交税金（应交税费——应交增值税——进项税额）

　　贷：银行存款

　　　　应付账款

四、会计目标、会计要素、会计科目、会计账户和会计凭证的关系

会计目标是满足股东投资、债权人放贷决策的信息需求，这些信息主要通过阅读会计报表获得。构成会计报表的内容要素为资产、负债、所有者权益、收入、费用和利润六大会计要素。会计要素又进一步分为会计科目，会计科目的结构就是会计账户。会计账户需要依据会计凭证登记，会计凭证的实质是企业经济活动的记录。以上概念的关系如图 1–3–8 所示。

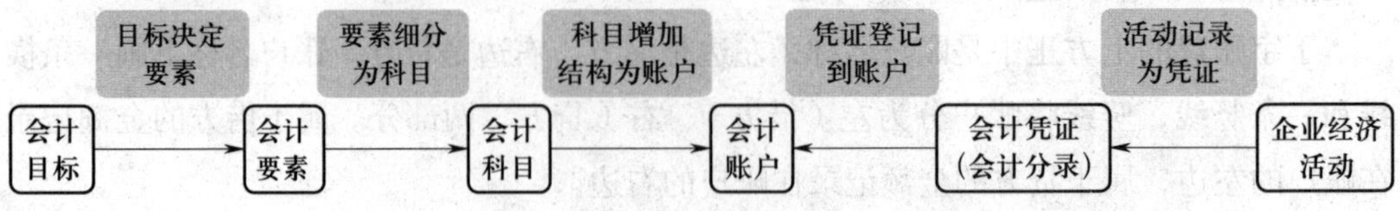

图 1–3–8　会计目标、会计要素、会计科目、会计账户和会计凭证的关系

课堂练习

根据所学知识，在横线上填写合适的内容。

1. ________决定会计报表内容要素，会计要素细分为________，会计科目增加________就是会计账户。

2. 属于________、________要素的账户金额增加记录到借方，属于________、________要素的账户金额增加记录到贷方。

3. 假设“原材料——面粉”账户期初余额为2万元，本期借方发生额为3万元，贷方发生额为4万元，则该账户期末余额为________。

4. 费用类账户金额增加记录在借方的原因是：________________________________。

思政小课堂

会计学科的系统思维

从会计目标到会计要素，再到会计科目、会计账户和经济活动，体现了会计学科的系统思维。系统思维是人类的一种高级思维方式，要求人们无论干什么事都要立足整体，从整体与部分、整体与环境的相互作用来认识和把握整体。

会计人员在记录经济活动时，不仅要考虑会计科目，还要考虑会计要素和会计目标。例如，某企业从银行借款100万元，期限为3年。从会计角度，不仅要考虑到银行存款和长期借款均增加100万元，还要考虑到资产和负债也增加了，企业的资产负债率上升了，更要考虑企业能否在3年后归还借款，以及归还借款对企业财务状况影响如何，等等。

会计人员在核算的时候要考虑每个账户资金的来源和去向，考虑科目所属要素的关系。例如，货币资金增加时，要考虑货币资金增加的原因，是借入的，还是股东投入或者企业经营所得。

第四节 会计要素核算

知识提要

在会计要素中，资产反映了企业拥有的经济资源，负债是企业应承担的现时义务，所有者权益代表了所有者对企业资产净值的所有权。收入、费用和利润则直接反映企业的经营成果。其中，收入是企业经济利益的流入，费用是经济利益的流出，利润则是收入与费用之间的差额。

核算会计要素一般采用借贷记账法，这种方法以“借”和“贷”为记账符号，记录经济活动引起的会计要素增减变动情况。

通过汇总所有账户的借方发生额和贷方发生额，可以检验两者是否相等，从而验证记账的正确性，这就是试算平衡。试算平衡的原理是基于会计等式。

一、资产、负债、所有者权益的核算

1. 资产及相关业务核算

资产的本质是一种经济资源，是由企业过去的交易（一般是购买）或其他事项（如自建）形成的，企业现在能拥有和控制（企业借入的资金也属于资产），并且能够在未来导致经济利益流入（企业报废和出售的设备等不属于资产）。

资产增加应记录到会计账户的借方（左边），减少应记录到会计账户的贷方（右边），如图 1-4-1 所示。

借方	资产类账户名称	贷方
期初余额 ×××		
×××（增加）		×××（减少）
×××（增加）		×××（减少）
借方发生额合计 ×××		贷方发生额合计 ×××
期末余额 ×××		

图 1-4-1 资产类账户的记录方式

按照变现（变成现金）能力不同，资产分为流动资产和非流动资产。

（1）流动资产

流动资产是可在一年内或者超过一年的一个营业周期内变现或者耗用的资产。营业周期通常指企业从采购到销售平均需要的时间。

流动资产和企业的经营活动（采购、生产和销售活动）密切相关，体现了企业在经营过程中各项资产的分布。采购时，企业需要给供应商预付定金，形成预付账款。采购入库后，形成原材料和商品。原材料加工成产品后出售，未收到款项形成应收账款，收到后形成货币资金。货币资金再用来购买原材料或商品，形成一个周而复始的循环，如图 1–4–2 所示。

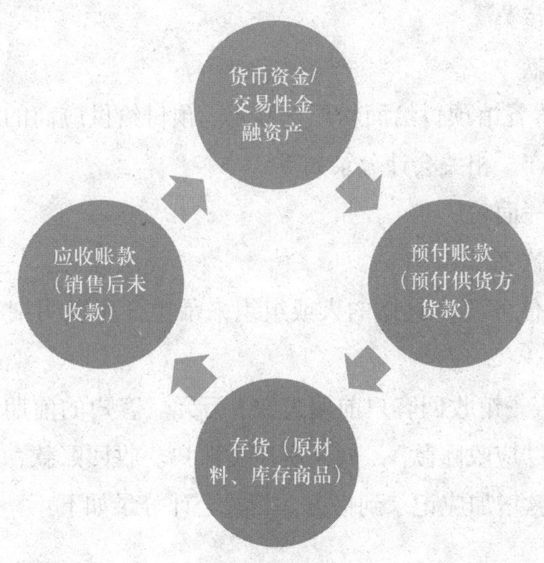

图 1–4–2　流动资产与经营活动的关系

流动资产包含的项目和对应的会计科目见表 1–4–1。

表 1–4–1　流动资产包含的项目和对应的会计科目

项目	会计科目	解释
货币资金	库存现金 银行存款	企业保险柜里的现金、存在银行里的银行存款
交易性金融资产	交易性金融资产	企业持有的准备短期获利的股票、债券、基金等
预付账款	预付账款	企业向供应商等预付的款项，通常为企业为了购买材料、服务等预付给供应商的货款
存货	库存商品 原材料等	企业中的原材料、在制品、产成品等
应收账款	应收账款	企业未来应收客户的钱，通常为企业销售商品而未收到的款项。该款项越多，企业的资金压力就越大
其他应收款	其他应收款	一般指企业员工、其他个人等从企业预借的款项，也包括集团内部成员单位之间的借款

【例 1–4–1】涛涛餐馆从银行提取 2 万元现金，该业务导致其“银行存款”账户金额减少 2 万元，“库存现金”账户金额增加 2 万元。相关会计分录如下：

借：库存现金　　20 000

　　贷：银行存款　　20 000

【例 1-4-2】涛涛餐馆用银行存款购买 1 万元蔬菜，该业务导致其“蔬菜”账户金额增加 1 万元。对于餐馆来说，蔬菜属于原材料（需要加工才能出售的材料为原材料），相关会计分录如下：

借：原材料——蔬菜　　10 000

　　贷：银行存款　　10 000

【例 1-4-3】涛涛餐馆预付给面粉厂 2 万元。预付给供应商的货款，实际为未来要收取的货物，属于资产。相关会计分录如下：

借：预付账款——面粉厂　　20 000

　　贷：银行存款　　20 000

注：由于债权、债务要由具体的人或组织来承担，所以明细科目应按人名（企业名）设置。

【例 1-4-4】涛涛餐馆收回客户前期欠款 3 万元。客户的前期欠款实际为企业应收的货款，对应账户为“应收账款”，属于资产类账户。收回账款，则应收账款减少，应记录到贷方。银行存款增加应记录到借方。相关会计分录如下：

借：银行存款　　30 000

　　贷：应收账款　　30 000

【例 1-4-5】涛涛餐馆用银行存款购买 2 万元啤酒。啤酒不需要加工就可以直接出售，属于库存商品，增加应记录到借方。相关会计分录如下：

借：库存商品——啤酒　　20 000

　　贷：银行存款　　20 000

（2）非流动资产

非流动资产是持有期在一年或一个营业周期以上、不以交易为目的而持有的资产。非流动资产通常和投资活动相关，而用于投资活动的资产往往能够为企业带来未来的收益。例如：固定资产、在建工程、无形资产可以提高企业竞争力，增强企业未来的获利能力；参股和控股其他公司，是为了实现协同效应，或者整合价值链进行的投资。投资可分为对内投资和对外投资。

1）对内投资。对内投资形成的非流动资产包括固定资产、在建工程和无形资产。固定资产是为生产经营服务而持有的房屋、设备、交通工具等。在建工程是为生产经营而进行的建设项目，达到可使用状态后转为固定资产。无形资产是企业购入或自行开发的专利、非专利技术、土地使用权等。

2）对外投资。对外投资主要是为了控制或者影响被投资单位经营进行的投资，对应的会计科目和资产负债表项目为“长期股权投资”。

课堂练习

根据以下业务编写会计分录。

1. 涛涛餐馆用10万元银行存款购入一套厨房设备。
2. 涛涛餐馆出资100万元，收购小涛涛餐馆90%的股权。
3. 涛涛餐馆支付20万元银行存款，购买一项专利。

2. 负债及相关业务核算

负债是指企业过去的交易或者事项形成的、预期会导致经济利益流出企业的现时义务。

负债增加应记录到账户的贷方（右边），减少应记录到账户的借方（左边），如图1–4–3所示。

负债分为流动负债和非流动负债。

（1）流动负债

流动负债是指偿还期在一年或者超过一年的一个营业周期以内的债务，通常是企业日常经营活动形成的负债。例如，企业采购时欠供应商的货款就形成应付账款，企业由于生产或销售等欠员工的薪酬形成了应付职工薪酬，企业欠国家的税费形成应交税费，销售时收取客户订金或欠客户货物形成预收账款，如图1–4–4所示。

流动负债包含的项目和对应的会计科目见表1–4–2。

借方	负债类账户名称		贷方
期初余额	×××		
	×××（减少）		×××（增加）
	×××（减少）		×××（增加）
借方发生额合计	×××	贷方发生额合计	×××
期末余额	×××		

图1–4–3　负债类账户的记录方式

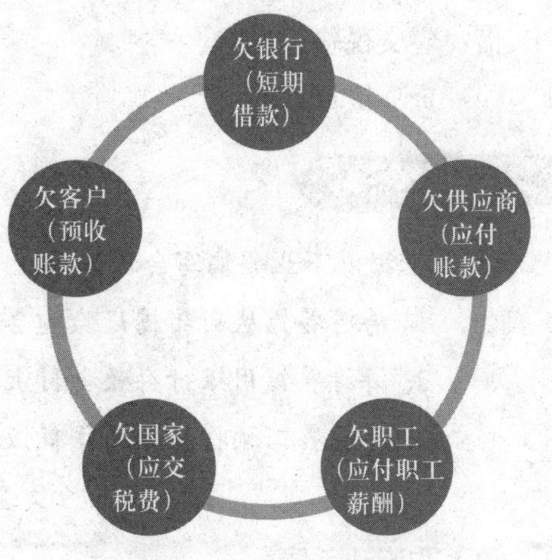

图1–4–4　流动负债

表 1-4-2　流动负债包含的项目和对应的会计科目

项目	会计科目	解释
短期借款	短期借款	企业欠银行等金融机构，且期限在一年以内的借款。同行借款等计入其他应付款
应付账款	应付账款	企业欠供应商的货款，通常为企业购买商品或服务但尚未支付的款项
预收账款	预收账款	企业欠客户的货物，通常为企业向客户预收的货款（定金或订金）
应交税费	应交税费	企业欠税务部门的税费
应付职工薪酬	应付职工薪酬	企业尚未发放的职工工资、社会保险费、福利费等

【例 1-4-6】涛涛餐馆从银行取得期限为 6 个月的借款 2 万元。该业务导致其“银行存款”账户增加 2 万元，同时对银行负债也增加 2 万元。相关会计分录如下：

借：银行存款　　20 000

　　贷：短期借款　　20 000

【例 1-4-7】涛涛餐馆从古船面粉厂赊购面粉 5 万元。该业务导致其“原材料——面粉”账户增加 5 万元，同时，对古船面粉厂负债增加 5 万元。采购商品和材料未付款项对应账户为“应付账款”，应付账款增加应记录到贷方。相关会计分录为：

借：原材料——面粉　　50 000

　　贷：应付账款——古船面粉厂　　50 000

【例 1-4-8】涛涛餐馆缴纳上月税金 2 万元。缴纳税金是因为企业上月欠国家的税款，对应的账户为“应交税费”。缴纳后负债减少，记录到借方。银行存款减少，记录到贷方。相关会计分录为：

借：应交税费　　20 000

　　贷：银行存款　　20 000

课堂练习

根据以下业务编写会计分录。

1. 涛涛餐馆从甜甜糖厂赊购 2 万元白糖。
2. 涛涛餐馆用银行存款支付上月工资 5 万元。
3. 涛涛餐馆预收某集团年夜饭定金 2 万元。

（2）非流动负债

非流动负债是指偿还期在一年或者超过一年的一个营业周期以上的债务，通常包括长期借款和应付债券。长期借款是企业向银行等金融机构借入的，还款期在一年以上的借款。应付债券是企业为筹集长期资金而发行的还款期在一年以上的债券。

3. 所有者权益及相关业务核算

所有者权益表示一种剩余权益，也就是资产减去负债后的余额，其构成如图 1–4–5 所示。

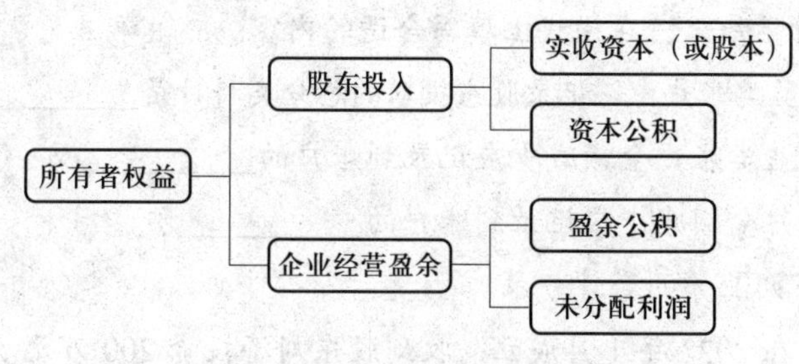

图 1–4–5　所有者权益的构成

（1）实收资本（或股本）

有限责任公司收到的股东投资的资金称为实收资本，股份有限公司收到的股东投资的资金称为股本。

（2）资本公积

由于企业经营良好，所以后续投资的股东愿意以高出股本的价格投入资金，高出部分则计入资本公积。例如，某公司新股东用 500 万元购买公司 100 万股的股份，其中 100 万元计入股本，超出部分 400 万元计入资本公积。

（3）盈余公积

根据公司法或者股东决议，企业每年要从净利润中提取一部分盈余，以备未来弥补亏损或者转增资本、发放股利等。例如，某公司当年净利润为 100 万元，要留下净利润的 10% 也就是 10 万元，为应对以后可能发生的经营风险作准备。

（4）未分配利润

企业未分配的累计盈余可以用于向股东分配股利。

所有者权益增加应记录到账户的贷方（右边），减少应记录到账户的借方（左边），如图 1–4–6 所示。

借方　所有者权益类账户名称	贷方
期初余额　×××	
×××（减少）	×××（增加）
×××（减少）	×××（增加）
借方发生额合计　×××	贷方发生额合计　×××
期末余额　×××	

图 1–4–6　所有者权益类账户的记录方式

【例 1–4–9】涛涛餐馆收到股东刘涛投资的银行存款 100 万元。该业务导致其“银行存款”账户增加 100 万元，记录到借方。同时，“实收资本”账户也增加 100 万元，“实收资本”账户属于所有者权益类账户，增加记录到贷方。相关会计分录如下：

借：银行存款　　1 000 000

　　贷：实收资本——刘涛　　1 000 000

课堂练习

1. 根据所学知识，在横线上填写合适的内容。

所有者权益类账户中，记录股东投入的总分类科目是________和________。

所有者权益类账户金额减少应记录到账户的________方。

资产类账户金额减少应记录到账户的________方。

2. 编写下列业务的会计分录。

涛涛餐馆在 2022 年 1 月成立，收到股东刘涛投资 200 万元。

二、收入和费用核算

1. 收入及相关业务核算

收入和利得合称收益，收益的本质是企业经营原因导致的所有者权益增加，表现为资产的增加或负债的减少。

借款虽然导致资产增加，但负债也增加了，不会产生收益，所有者权益也没有增加。同理，还款虽然导致负债减少，但资产也减少了，所有者权益不变，也不影响收益。因此，广义的收益是指导致所有者权益增加的、与所有者投入资本无关的经济利益的总流入。日常业务（销售商品、提供服务、让渡资产使用权获得款项）形成的经济利益称为收入，非日常经营活动（出售固定资产等）形成的经济利益称为利得。收入的特点如图 1-4-7 所示。

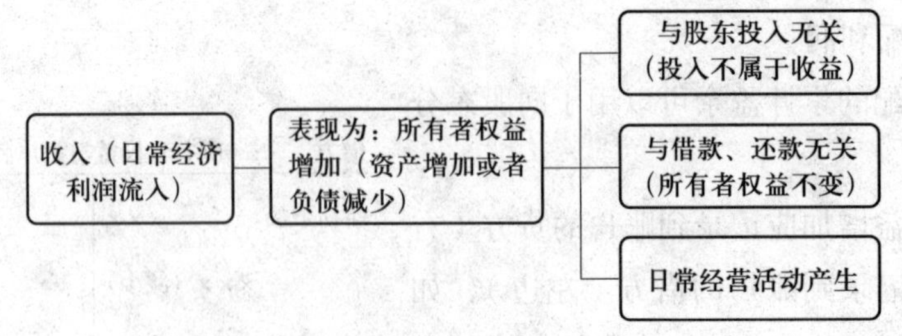

图 1-4-7　收入的特点

收入包含的主要项目（科目）有主营业务收入、其他业务收入。

（1）主营业务收入是企业从事本行业生产经营活动所获得的营业收入，如面包厂销售面包获得的收入、面粉厂销售面粉获得的收入、餐馆销售饭菜获得的收入。

（2）其他业务收入是企业从事主营业务以外的日常活动所获得的收入，如面包厂销售面粉获得的收入、面粉厂销售面包获得的收入。

利润表中“营业收入”项目的金额等于“主营业务收入”账户金额与“其他业务收入”账户金额的合计数。

由于收入导致所有者权益增加，所以收入类账户的增减和所有者权益类账户的增减记法相同，即借方登记减少额，贷方登记增加额。期末时，收入类账户的余额要转入“本年利润”账户以计算当期盈亏，故期末无余额，如图 1-4-8 所示。

借方　　　　收入类账户名称	贷方
	期初余额　0
×××（减少）	×××（增加）
×××　（转出到“本年利润”账户）	×××（增加）
借方发生额合计　×××	贷方发生额合计　×××

图 1-4-8　收入类账户的记录方式

【例 1-4-10】2024 年 1 月，涛涛餐馆取得餐饮收入 10 万元，其中 6 万元存入银行，另外 4 万元为客户张张公司欠款。

该业务导致涛涛餐馆“银行存款”账户增加 60 000 元，客户欠款为应收账款。增加的银行存款和应收账款都属于资产，资产增加应记录到借方。同时，对于餐馆来说，餐费收入属于主营业务收入，增加应记录到贷方。相关会计分录如下：

借：银行存款　　　　60 000
　　应收账款——张张公司　　　　40 000
　贷：主营业务收入——餐饮收入　　　　100 000

课堂练习

美味餐馆 2025 年 2 月取得餐费收入共 80 万元，其中 60 万元存入银行，20 万元为客户欠款。请编写相应的会计分录。

2. 费用及相关业务核算

费用和损失合称费损，费损的本质是企业经营原因导致的所有者权益减少，表现为资产的减少或负债的增加。广义的费损是指导致所有者权益减少的、与所有者分配利润无关的经济利益的总流出。日常经营形成的经济利益流出（如企业日常销售发出的货物，经营中发生的广告费、办公费、差旅费），会计上称为费用。非日常业务导致的利益流出，会计上称为损失。费用的特点如图 1-4-9 所示。

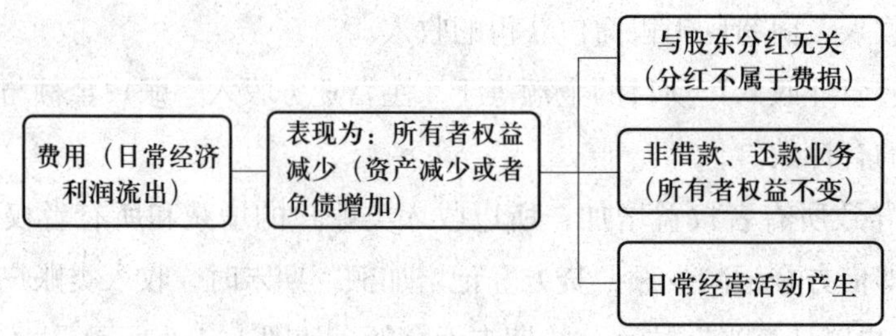

图 1-4-9　费用的特点

部分利得和损失（如营业外收入和营业外支出）属于当期损益，计入利润表中；部分利得和损失不计入当期损益，直接计入所有者权益中的其他综合收益。

费用包含的主要项目（科目）有主营业务成本、其他业务成本等。

（1）主营业务成本是为获得主营业务收入付出的直接代价，例如，厂家购买或生产所销售商品的成本，酒店为取得餐饮收入所消耗的材料、人工等。

（2）其他业务成本是为获得其他营业务收入付出的直接代价。

（3）税金及附加是企业经营中需要缴纳的税费导致的利益流出。

（4）管理费用是管理活动导致的利益流出，如管理人员的工资、差旅费等。

（5）销售费用是销售活动导致的利益流出，如销售人员的工资、差旅费等。

（6）财务费用是企业为筹集资金付出的代价，如借款利息、借款手续费等。

由于费用导致所有者权益减少，所以收入类账户的增减和所有者权益类账户的增减记法相反，即借方登记增加额，贷方登记减少额。期末时，账户余额要转入“本年利润”账户以计算当期盈亏，故期末无余额，如图 1-4-10 所示。

借方　　费用类账户名称　　贷方

借方	贷方
期初余额　0	
×××（增加）	×××（减少）
×××（增加）	×××（转出到“本年利润”账户）
借方发生额合计　×××	贷方发生额合计　×××

图 1-4-10　费用类账户的记录方式

【例 1-4-11】接上例，2024 年 1 月份涛涛餐馆耗用大米 20 000 元、蔬菜 30 000 元，用于提供餐饮服务（假设账户期初无余额）。该业务中大米和蔬菜的消耗是餐厅提供餐饮服务的必需支出，应记入“主营业务成本”账户，另外该业务还涉及一个资产类账户“原材料”。主营业务成本增加记录到借方，原材料减少记录到贷方。相关会计分录为：

借：主营业务成本　　50 000

　　贷：原材料——大米　　20 000

　　　　原材料——蔬菜　　30 000

【例 1-4-12】2024 年 1 月，涛涛餐馆应支付工资为 2 万元，其中管理人员工资 4 000 元、销售人员工资 6 000 元、厨师工资 1 万元，工资未付。

管理人员工资属于管理活动导致的利益流出，应计入管理费用；销售人员的工资属于销售活动导致的利益流出，应计入销售费用；厨师的工资和餐饮收入存在直接关系，应计入主营业务成本。费用增加应记录到借方。由于工资未付，应计入应付职工薪酬。

编写以下业务的会计分录。

1. 涛涛餐馆某月为取得餐饮收入共消耗米 3 万元、油 5 万元、菜 6 万元。

2. 涛涛餐馆某月管理人员工资为 1 万元，销售人员工资为 5 000 元，当月工资未付。

3. 涛涛餐馆某月支付管理人员办公费 1 万元。

知识链接

《中华人民共和国会计法》摘录

第十条　各单位应当对下列经济业务事项办理会计手续，进行会计核算：

（一）资产的增减和使用；

（二）负债的增减；

（三）净资产（所有者权益）的增减；

（四）收入、支出、费用、成本的增减；

（五）财务成果的计算和处理；

（六）需要办理会计手续、进行会计核算的其他事项。

三、借贷记账法和试算平衡原理

核算会计要素一般采用借贷记账法。借贷记账法是以“借”“贷”为记账符号的一种复式记账法。

复式记账法以会计等式为基础，对每一项经济业务都以相等的金额在两个或两个以上相互关联的账户中进行记录。这种方法不仅可以全面、清晰地反映经济业务的来龙去脉，还能够系统地揭示资金运动变化的结果。

例如，用 1 000 元现金购买 200 千克原料，现金账户就会减少 1 000 元，同时，原料账户会增加价值 1 000 元的物资。

又如，某公司收到股东投资的 20 万元银行存款。记账时，该公司“银行存款”账户应记录增加 20 万元。同时，股东的权益也增加了，需要在“实收资本”账户记录增加 20 万元。相应的记账结果见表 1–4–3 和表 1–4–4。

表 1–4–3　某公司“银行存款”账户记录　　单位：元

日期	摘要	借方	贷方	结余
1 月 1 日	收到投资款	200 000		200 000

表 1–4–4　某公司“实收资本”账户记录　　单位：元

日期	摘要	借方	贷方	结余
1 月 1 日	收到投资款		200 000	200 000

另外，账户中记录的增减数字如果写到同一栏，不便于阅读和统计，因此账户中的金额栏应分为增、减（借、贷）两栏，分别记录增减额。

复式记账法按记账规则、记账符号、试算平衡方法的不同，分为增减记账法、借贷记账法和收付记账法三种类型。

因为资产等于权益，所以表示资产类账户金额增加的都记录到借方（即账户左边），表示所有者权益类账户金额增加的都记录到贷方（即账户右边），减少的则相反。这样就如同天平一样，左边和右边永远是相等的。由此，一个企业所有账户的借方合计数等于所有账户的贷方合计数，这在会计上称为试算平衡。

课堂练习

某公司 2025 年 1 月份的业务如下：

1. 1 月 1 日，收到股东张 × 投资 50 万元，存入银行。

2. 1 月 1 日，从银行借入长期借款 10 万元。

请将上述业务记入表 1–4–5 至表 1–4–8 中，进行试算平衡，并简述导致平衡的原因。

表 1-4-5　某公司“银行存款”账户记录　单位：元

日期	摘要	增加（借方）	减少（贷方）	结余

表 1-4-6　某公司“实收资本”账户记录　单位：元

日期	摘要	减少（借方）	增加（贷方）	结余

表 1-4-7　某公司“长期借款”账户记录　单位：元

日期	摘要	减少（借方）	增加（贷方）	结余

表 1-4-8　某公司 1 月份发生额试算平衡表　单位：元

账户名称	借方发生额合计	贷方发生额合计
银行存款		
实收资本		
长期借款		
合计		

借方合计数与贷方合计数是否相等？________

试算平衡的原因是：________________

现代的记账工作大多由计算机完成，发生记账错误的概率比较小，因此用于发现手工记账错误的试算平衡方法已不具备实际应用意义。但作为财务专业人员，还是有必要熟练掌握借贷记账法和试算平衡方法。

四、试算平衡表的编制

1. 试算平衡法

试算平衡法就是通过对所有账户的发生额和余额的汇总计算和比较，来检查账户记录是否正确的一种方法。试算平衡一般分为余额试算平衡和发生额试算平衡。

（1）余额试算平衡

由于资产等于负债加上所有者权益，资产余额在借方，负债和所有者权益的余额在贷方。所以：

全部账户的借方期初余额合计数 = 全部账户的贷方期初余额合计数

全部账户的借方期末余额合计数 = 全部账户的贷方期末余额合计数

（2）发生额试算平衡

由于账户的发生额来自会计分录，而每一笔会计分录都遵循“有借必有贷，借贷必相等”的记账规律。根据加法结合率可知：

全部账户的借方发生额合计数 = 全部账户的贷方发生额合计数

2. 试算平衡表的编制方法

试算平衡表示例见表 1–4–9，其中账户名称为企业所有的账户，期初余额通常为上期的期末余额，本期发生额和期末余额来自丁字账户。

表 1–4–9　试算平衡表示例

账户名称	期初余额		本期发生额		期末余额	
	借方	贷方	借方	贷方	借方	贷方
库存现金			5 000	3 000	2 000	
银行存款			1 140 000	9 000	1 131 000	
原材料			30 000	15 000	15 000	
固定资产			300 000		300 000	
应付账款				27 000		27 000
应交税费						
长期借款				500 000		500 000
实收资本				900 000		900 000
本年利润						
主营业务收入				40 000		40 000
主营业务成本			15 000		15 000	
管理费用			4 000		4 000	
合计	0	0	1 494 000	1 494 000	1 467 000	1 467 000

该公司为新成立的公司，因此期初余额为 0。如果不是新成立的公司，本期的期初余额通常为上期的期末余额。

3. 试算平衡的局限性

通过试算平衡表来检查账簿记录是否正确，一般情况下是可行的，但这并不意味着记录绝对正确。从某种意义上讲，如果借贷不平衡，可以肯定账户的记录或者计算有错误；但是如果借贷平衡，也不能肯定账户记录没有错误，因为有些错误根本不影响借贷双方的平衡关系。例如，试算平衡时，漏记、重记、记账方向颠倒和记错会计科目的情况，均不能通过试算平衡发现。

思政小课堂

试算平衡与会计职业的谨慎性

在会计工作中，出现试算不平衡的原因有很多。例如，会计科目写错、金额写错、丁字账户登错、计算错误，等等。为减少出现差错的概率，在手工记账时代，会计人员在编写会计分录和登记账簿时十分谨慎，每笔业务都要复核，甚至会多次复核。

使用计算机记账后，计算机会自动试算平衡。但试算平衡是复式记账法的精髓，只有反复练习才能掌握。因此，作为会计专业的初学者，应当多练习试算平衡，以培养自己细心谨慎的职业素养和百折不挠的心态。

对大多数会计来说，会计工作更多的是重复性的平凡工作。但做好这些平凡的工作并不容易，不仅需要谨慎的职业素养，还需要精益求精的职业精神，把每一件平凡的事情做好就是不平凡。

第二章 会计账务基础

简单来说，会计账务的基本流程是：建账→审核原始凭证→制作记账凭证→记录日记账和明细账→记录总账。

在会计的日常工作中，首先要做的是建账，明确要核算的内容。然后，要仔细检查那些原始单据（凭证），确保每笔经济业务都是真实发生的，而且符合规定、合理合法。检查无误后，就要根据这些原始单据制作记账凭证，并且要在日记账和明细账里做好记录。最后根据记账凭证等登记总账。

学习目标

【知识目标】

1. 掌握原始凭证、记账凭证、会计账簿的概念。

2. 熟悉会计账簿的种类及适用范围。

3. 了解会计账簿的管理规定。

【能力目标】

1. 能够根据企业的行业性质建立总账，根据业务需要建立明细账。

2. 能够根据业务需要和法规要求填写并审核常见的原始凭证、记账凭证，登记明细账和总账。

3. 能够区分不同情况的记账错误，采用正确方法更正记账凭证和账簿。

【职业素养与思政素养目标】

1. 培养证据意识、法律意识。

2. 培养诚实守信和依法纳税的习惯。

第一节 建 账

知识提要

建账是确定账簿种类、格式、内容及登记方法的过程，它是会计核算的起点。

建账的步骤一般是：启用账簿、建立总账、设立明细账、设立库存现金日记账和银行存款日记账。

一、会计账簿

会计账簿简称账簿（俗称账本），是由一张张账页组成的册子，如图 2–1–1 所示。会计工作的重要内容，就是在会计账簿上全面、系统、连续地记录企业的经济业务。

会计账簿

现金日记账

第 页

年度

20 年		凭证	摘要	对方科目	收入（借方）金额	✓	付出（贷方）金额	✓	结余金额	✓
月	日	号数			千百十万千百十元角分		千百十万千百十元角分		千百十万千百十元角分	

账页

图 2–1–1 会计账簿和账页

会计账簿以会计凭证为依据，具有特定的格式，它是连接会计凭证和会计报表的中间环节。

会计账簿的主要作用包括：储存会计信息，反映财务状况及经营成果，提供编制会计报表的数据资料，为考核经营业绩、加强经济核算提供重要依据。

账户和账簿

账户是以会计科目为名称在账簿中所开设的户头。账簿将各账户连在一起，是账户的外在形式。

也可以说，账簿与账户的关系是形式和内容的关系。账户存在于账簿中，账簿中的每一张账页就是账户的存在形式和载体。没有账簿，账户就无法存在。

二、建账的目的

进行会计核算首先要建账。建账是指会计人员根据会计法规、制度的规定，结合企业具体要求和将来可能发生的会计业务情况，确定账簿种类、格式、内容及登记方法的过程。

建账时要先确定会计账户，再使用会计科目编制记账凭证，然后将记账凭证上的内容分类登记到账户上，这样账户就记载和反映了经济活动的内容。

账户的表现形式就是账簿，因此，账簿是企业经济活动的载体。

通常企业的业务活动是持续经营的，为了能够分期了解企业的经营成果、财务状况等，到期末时（月末、季度末、半年末、年末），需要假设企业经济业务活动静止，从而结算出各个账户的发生额和余额（俗称结账），以便编制当期会计报表。

会计凭证、会计账簿、会计报表的关系如图 2–1–2 所示。

图 2–1–2　会计凭证、会计账簿、会计报表的关系

课堂练习

一、根据所学知识，在横线上填写合适的内容。

1. 确认会计核算对象的方法是____________________________。

2. 会计核算的起点是____________________________。

3. 会计账户的表现形式是____________________________。

二、判断下列说法的对错，正确的打“√”，错误的打“×”。

1. 企业的所有活动，会计都需要核算。（　　）

2. 会计核算的内容主要为影响会计目标的六要素。（　　）

3. 会计应先填写记账凭证，再根据记账凭证中的科目设置会计账户。（　　）

4. 会计应先设置会计账户，再根据会计账户名称编制记账凭证。（　　）

三、建账的步骤

按照规定，企业在取得营业执照的 15 天内要建账。建账的步骤如下：

1. 启用账簿

（1）购买账簿或选择财务软件

在手工记账方式下，需要先采购账簿。一般小企业需要采购总账、银行存款日记账、库存现金日记账、明细账四本账簿。

总账是根据总分类科目设立账户，用来登记全部经济业务，进行总分类核算，并提供总括核算资料的会计账簿。

明细账是按明细分类账户设立的，用来分类登记某类经济业务详细情况，提供明细核算资料的会计账簿。

日记账则是按照经济业务发生时间的先后顺序，逐日逐笔连续登记经济业务的会计账簿。银行存款日记账、库存现金日记账就是两种常见的日记账。

计算机记账方式是对手工记账的模拟。录入凭证后，财务软件就可以直接生成报表。为了掌握账簿记录原理，初学者还要从手工记账学起。

《会计基础工作规范》摘录

第五十六条　各单位应当按照国家统一会计制度的规定和会计业务的需要设置会计账簿。会计账簿包括总帐、明细帐、日记帐和其他辅助性账簿。

第五十七条　现金日记帐和银行存款日记帐必须采用订本式账簿。不得用银行对帐单或者其他方法代替日记帐。

（2）填写账簿启用表

启用账簿时，要填写账簿的封面和扉页，将账簿的名称、单位的名称、账簿经管人、账簿页数、启用日期等信息填写到对应位置上，如图 2-1-3 所示。

账簿启用表

单位名称	北京涛涛商贸有限责任公司									单位盖章
账簿名称	总分类账									北京涛涛商贸有限责任公司 财务专用章
账簿编号	年 总 册 第 册									
账簿页数	页									
启用日期	年 月 日									
经管人员	财务负责人			主办会计			记账			
	职别	姓名	盖章	职别	姓名	盖章	职别	姓名	盖章	
		张涛	张涛		刘晓	刘晓		刘小美	刘小美	

交接记录	职称	姓名	接管				移交				印花票粘贴处
			年	月	日	盖章	年	月	日	盖章	
	初级	刘晓	2023	02	01	刘晓	2023	02	01		

图 2-1-3 账簿启用表

2. 建立总账

启用账簿后，应根据企业的行业性质和业务特点，从国家规定的会计科目中选用相关的科目建立总账账户。例如，商业企业可以不选用“原材料”“生产成本”“制造费用”等账户。又如，概不赊账的企业可以不选“应收账款”账户。在计算机记账方式下，一般默认选择所属行业的所有会计科目。

总账一般采用订本式账簿，这样可以防止有人通过调换账页进行舞弊。由于总账以货币为单位，反映的是经济活动的总括内容，所以一般采用三栏式账页。

新成立的企业账上没有余额，通常只需要在购买的账簿上标明相关会计科目即可。非新成立的公司，账簿通常应一年更新一次，在年初建账。建账时不仅需要在账簿上标明相应的会计科目，还需要在摘要栏写“上年结转”，并在余额栏登记上年年末的余额（即当期期初余额），见表 2-1-1。

表 2-1-1 总账（非新成立公司）

总账　　　　第 1 页

会计科目 库存现金

23年		凭证		摘要	借方金额											√	贷方金额											√	借或贷	余额										
月	日	字	号		亿	千	百	十	万	千	百	十	元	角	分		亿	千	百	十	万	千	百	十	元	角	分			亿	千	百	十	万	千	百	十	元	角	分
1	1			上年结转																									借					2	0	0	0	0	0	0

3. 设立明细账

（1）明细账户层次和名称的设计

1）总账一定有相对应的明细账。明细账是对总账的解释。

2）应根据相关性和实用性来设计明细账户的层次和数量。明细账户的层次越多，核算就越详细，但是相应的工作量也会加大，核算成本也会变高。因此，明细账户的层次以满足企业的管理需要为准，既不能太少，也没有必要太多。

3）在我国，总账账户的名称是由国家统一规定的，明细账户的名称则由企业自行设定。

设置明细账户时应着重考虑相关性和重要性。对于实物资产类账户，人们主要关注的是物品的使用功能，一般就按物品名称设置明细账户。例如，库存商品的明细账户名称可以是面包、麻花、矿泉水、毛巾、牙膏等。

对于债权、债务、资本类账户，人们主要关注的是应由谁来偿还（债务），需要偿还给谁（债权），是谁投入的（资本）。因此，一般采用人名或组织名作为明细账户的名称。例如，应收账款明细账户名称一般为甲公司、乙公司、丙公司等。

对于收入、费用、成本类账户，人们主要关注的是收入、成本、费用的构成要素和性质。因此，一般按构成要素的性质设置明细账户。例如，管理费用类的明细账户名称一般是工资、办公费、业务招待费、折旧、差旅费、税金等。

一些金额比较小的核算对象不具有重要性，为了降低核算成本，可以将其合并成一个明细账户。例如，生产车间中消耗的各种润滑油和维修材料可以合并成“机物料”账户。此外，也可以设置“其他”账户统一核算金额较小的核算对象。

明细账户设置依据见表 2–1–2。

表 2–1–2　明细账户设置依据

设置依据	适用范围	总分类科目（举例）	明细科目（举例）
物品名称	实物资产	库存商品 固定资产	面包、麻花、牙膏 货车、大货架
人（法人）名称	债权、债务、资本	应收账款 应付账款 实收资本	客户甲、客户乙 供应商甲、供应商乙 投资者甲、投资者乙
构成要素（性质）	收入、成本、费用等	主营业务收入 主营业务成本 管理费用	面包收入、麻花收入 面包成本、麻花成本 折旧、办公费

（2）明细账的装订形式和账页格式

明细账的装订形式采用活页式。由于明细账要记录未来一年内发生的每一笔经济业务，而财务人员在建账的时候无法预计每个账户会发生多少笔业务，所以采用活页式账簿便于在账页不够的时候进行插页。

1）大多数债权、债务、资本类账户都可以采用三栏式账页登记。新成立的企业无法预计具体涉及的明细账户，账户也没有期初余额，可以根据总分类科目填写到明细账抬头正中的线上，以后根据业务需要设立相关明细账户时再填写到左上方的明细科目栏（见表 2–1–3）。年初建账时，和总账一样，要在摘要栏写“上年结转”，并在余额栏登记上年年末的余额。

表 2–1–3　应收账款明细账

第____页

二级科目或明细科目________________

2023年		凭证		摘要	借方										贷方										借或贷	余额									
月	日	种类	号数		千	百	十	万	千	百	十	元	角	分	千	百	十	万	千	百	十	元	角	分		千	百	十	万	千	百	十	元	角	分

2）收入、成本、费用类明细账一般采用多栏式账页登记。“应交增值税”虽然是二级明细账户，但“应交增值税”账户还有更详细的三级明细账户，所以“应交增值税”账户也应采用多栏式账页。例如，“管理费用”账户通常包括工资、社会保险费、水电费、差旅费等，可以先在左侧上方预填写相应账户（见表 2–1–4），也可以等业务发生时再设置相应账户。

表 2–1–4　管理费用明细账

总第______页　　分第______页

____级科目编号及名称________________

____级科目编号及名称________________

2023年		凭证		摘要	借方									贷方									借或贷	余额									（借）方金额分析																										
																																	工资社保等									水电费									差旅费								
月	日	种类	号数		百	十	万	千	百	十	元	角	分	百	十	万	千	百	十	元	角	分		百	十	万	千	百	十	元	角	分	百	十	万	千	百	十	元	角	分	百	十	万	千	百	十	元	角	分	百	十	万	千	百	十	元	角	分

3）明细账户不仅可以用货币来登记，也可以用实物数量来登记。对于实物资产的明细账，如原材料明细账、库存商品明细账等，应采用数量金额式账页（见表 2–1–5），以便和库存管理人员对账，保证资产的安全。

表 2-1-5　库存商品明细账

第____页

规　格 ________　编　号 ________　储备定额 ________　类　别 ________　最高储备量 ________

名　称 ________　计量单位 ________　计划单位 ________　存放地点 ________　最低储备量 ________

年		凭证		摘要	收入												发出												结存											
月	日	种类	号数		数量	单价	金额										数量	单价	金额										数量	单价	金额									
							千	百	十	万	千	百	十	元	角	分			千	百	十	万	千	百	十	元	角	分			千	百	十	万	千	百	十	元	角	分

4. 设立库存现金日记账和银行存款日记账

库存现金日记账和银行存款日记账都和钱有直接关系。按照账钱分管的原则，此类账簿应由出纳单独建立。库存现金日记账（见表 2-1-6）通常按照币种设置明细账，银行存款日记账（见表 2-1-7）可以按照银行账户名称设置明细账。

由于现金和银行存款过于敏感，应务必保证账页的规范性和易监管性，所以一般采用订本式账簿，在格式上通常采用三栏式账页。

表 2-1-6　库存现金日记账

2023年		记账凭证		对方科目	摘要	借方										贷方										√	余额									
月	日	字	号			千	百	十	万	千	百	十	元	角	分	千	百	十	万	千	百	十	元	角	分		千	百	十	万	千	百	十	元	角	分

表 2-1-7　银行存款日记账

开户行：工行北京市晋元路支行
账号：9986144634641645340

年		记账凭证		对方科目	摘要	结算凭证		借方										贷方										借或贷	余额									
月	日	字	号			种类	号码	千	百	十	万	千	百	十	元	角	分	千	百	十	万	千	百	十	元	角	分		千	百	十	万	千	百	十	元	角	分

课堂练习

一、根据所学知识，在横线上填写合适的内容。

1. 常见的订本式账簿有__________、__________、__________。

2. 常见的活页式账簿有______________。

3. 应由出纳单独建立的账簿有______________、______________。

二、将正确的选项填在括号内（单选）。

1. 原材料总账应采用（　　）账页。

A. 三栏式　　B. 数量金额式

C. 多栏式　　D. 两栏式

2. 原材料明细账应采用（　　）账页。

A. 三栏式　　B. 数量金额式

C. 多栏式　　D. 两栏式

3. 管理费用明细账应采用（　　）账页。

A. 三栏式　　B. 数量金额式

C. 多栏式　　D. 两栏式

4. 下列属于“应收账款”明细账户的是（　　）。

A. 面包　　B. 面包款

C. 北京美味食品公司　　D. 麻花

5. 下列属于“实收资本”明细账户的是（　　）。

A. 厂房　　B. 设备

C. 专利　　D. 股东张某

6. 下列属于“库存商品”明细账户的是（　　）。

A. 商品的供应商张某　　B. 商品的客户李某

C. 商品的名称面包　　D. 商品的材料面粉

思政小课堂

内容与形式

辩证唯物主义认为，任何事物既有内容，也有形式，不存在无内容的形式，也没有无形式的内容。内容决定形式，形式服从内容，并随内容的变化而变化。形式对内容又有反作用。形式适合内容，就促进内容的发展；形式不适合内容，则阻碍内容的发展。

从会计角度看，会计账户记录经济内容，属于实质内容，会计账簿是会计账户的外在形式。会计账户的性质和内容决定着会计账簿的装订形式和账页格式。例如：总账是反映总括经济数据的，需要用三栏式账页；原材料等实物资产的明细账需要和实物核对，需要使用数量金额式账页；收入、成本、费用等类账户要分析其具体的构成项目和要素，需要采用多栏式账页。

随着技术的进步，会计账簿可以采用电子形式体现，账簿的表现形式也就更为丰富，可以设置各种项目。例如，可以将收入按产品和客户两个维度设置账簿格式，这样既方便了解不同产品的销售额，又方便了解不同客户的销售额，更有助于企业找到收入提高或降低的原因。

第二节 填制审核原始凭证

知识提要

原始凭证是经济活动完成或发生的文字证据。如果没有原始凭证，会计无法知道企业真正发生了哪些经济活动。

原始凭证可以从不同角度分为发票类原始凭证和非发票类原始凭证、外来原始凭证和自制原始凭证、通用原始凭证和专用原始凭证，以及一次凭证、累计凭证、汇总原始凭证等类型。

原始凭证必须真实、完整、书写规范，必须有经办人员和有关责任人员的签章，必须及时填制。

记账时，必须对原始凭证的真实性、合法性、合理性、完整性、正确性进行审核。不符合要求的原始凭证，不能作为记账依据。

一、原始凭证与记账凭证

会计人员不可能到业务现场去监督每一个经办人员。如果会计人员仅根据经办人员的口头汇报记账，又会影响记账的真实性，因此，为了保证会计记录的真实性，会计人员应依据相关法规和企业的财务制度对经济活动进行监督，需要审核证明经济活动发生或完成的书面证明，也就是原始凭证。

原始凭证通常由经办人（或有关单位）填写并签字或盖章，从而明确经济责任，具有法律效力。如果经办人员（如库存管理员、采购员、销售员等）填写不真实，则应承担相应的责任。如果经办人员填写的业务性质或金额违反财务规定，例如采购人员故意高价购买货物，会计人员可以依据规定处理。因此，审核原始凭证是会计日常核算的起点，也是会计监督的主要方式。

原始凭证的内容主要包括经济业务发生的日期、编号、业务事项、数量、金额、填写单位和接受单位等，不包括会计科目和记账方法，因此，会计人员无法根据原始凭证直接记账。为了方便记账，会计人员需要根据原始凭证编制记账凭证。记账凭证就是按照规定格式和时间顺序对经济业务进行记录的凭证。记账凭证后面粘贴原始凭证，可以保证记录的真实性。

课堂练习

仔细观察下面的入库单（见表2-2-1），指出其中的错误。

表 2-2-1　入库单　　No.67937899

供货单位：________　　2023 年 02 月 01 日

编号	品名	规格	单位	数量	单价	金额	备注
	水果面包			500	5.00	2,500.00	
	肉松面包			500	4.00	2,500.00	
合计						¥4,500.00	

仓库主管：　　记账：　　保管：　　经手人：　　制单：

二、原始凭证的分类

原始凭证按照不同标准可以分为多种类型，具体见表 2-2-2。

表 2-2-2　原始凭证的分类

分类标准	类型	举例
交易和事项	发票类原始凭证	增值税专用发票和普通发票
	非发票类原始凭证	收料单、领料单、入库单、出库单、借款单
来源	外来原始凭证	银行回单、供应商提供的发票、客户签收的送货单、火车票、飞机票
	自制原始凭证	生产车间填制的领料单、行政部门填制的差旅费报销单、员工填写的借款单

续表

分类标准	类型	举例
格式	通用原始凭证	普通收据，即不特定用于某一经济业务或部门的凭证
	专用原始凭证	增值税专用发票（专用于销售货物的税务凭证）、工资结算表（专用于工资发放的凭证）
填制手续和方法	一次凭证	领料单（每次领料时填写）、借款单（每次借款时填写）
	累计凭证	限额领料单（在一定限额内可多次使用，记录累计领用数）
	汇总原始凭证	工资汇总表（将各员工工资进行汇总）、材料发出汇总表（将多批材料的发出情况进行汇总）

1. 发票类原始凭证和非发票类原始凭证

发票是企业发生销售、采购等交易业务的关键原始凭证，也是常见的原始凭证。为了便于税务部门了解企业的收入并征税，企业销售货物和服务等需要开具发票。

纸质发票的基本联次包括存根联、发票联、记账联。存根联由收款方或开票方留存备查，发票联由付款方或受票方作为付款原始凭证，记账联由收款方或开票方作为记账原始凭证。目前广泛使用的电子发票则通常只有一联。

非发票类原始凭证类型较多，包括收料单、领料单、入库单、出库单、借款单等。这类原始凭证通常根据企业管理需要，由会计和业务部门共同设计，一般为自制原始凭证。

发票又分为增值税普通发票、增值税专用发票和其他发票三类。

（1）增值税普通发票

当交易双方一方为增值税小规模纳税人时，应当开具增值税普通发票。纸质增值税普通发票一般为两联（发票的编号和内容相同，仅联次不同），具体如下：

记账联：销售方开票人员交给本单位会计记账，属于内部凭证，不需要盖章。

发票联：销售方开票人员交给客户（购买方），用于购买方记账，需要盖章。

（2）增值税专用发票

如果销售方和购买方均为增值税一般纳税人，销售方应当开具增值税专用发票。纸质增值税专用发票为三联，具体用途如下：

记账联：由销售方开票人员交给本单位会计记账，属于内部凭证，不用盖章。

发票联：由销售方开票人员交给客户（购买方），用于购买方记账，需要盖章。

抵扣联：由销售方开票人员交给客户（购买方），用于增值税抵扣备查，需要盖章。

【例 2-2-1】北京涛涛商贸有限责任公司（以下简称涛涛公司）向北京好邻居便利店（增值税一般纳税人）销售 500 个水果面包。开票情况如下：

由销售方开票，开票方为涛涛公司。

由于涛涛公司和北京好邻居便利店均为增值税一般纳税人，所以发票类型为增值税专用发票。

发票记账联（见图 2–2–1）由开票人员交给本单位会计记账（属于内部凭证，不需要盖章）。

发票联（见图 2–2–2）交给购买方会计人员记账（属于外部凭证，需要盖章）。

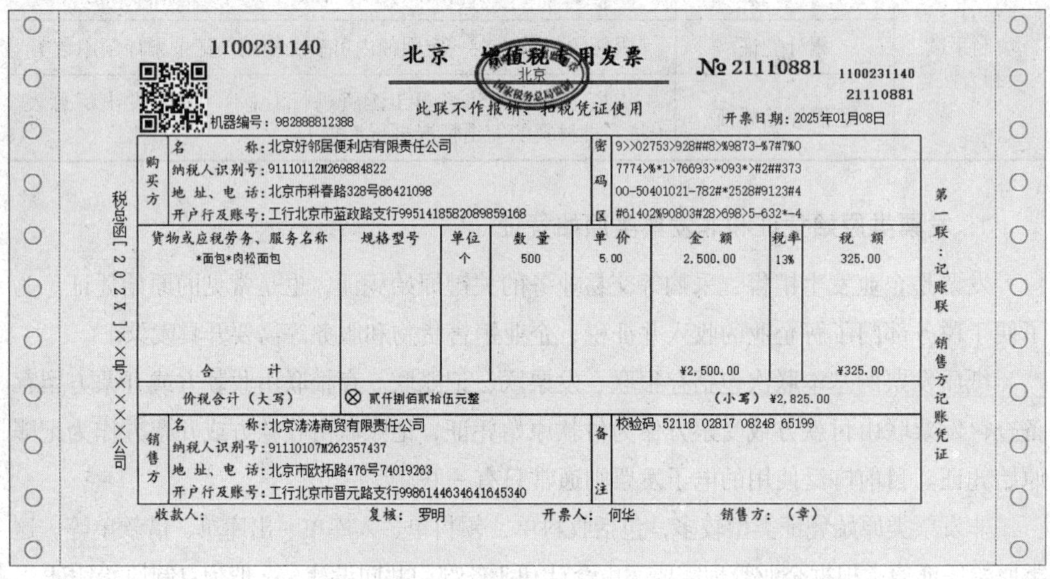

1100231140　北京　增值税专用发票　№ 21110881　1100231140 21110881

此联不作报销、扣税凭证使用

机器编号：982888812388　开票日期：2025年01月08日

税总函[202X]××号×××公司

购买方	名　称：北京好邻居便利店有限责任公司 纳税人识别号：91110112M269884822 地址、电话：北京市科春路328号86421098 开户行及账号：工行北京市蓝政路支行9951418582089859168	密码区	9>>02753>928##8>%9873-%7#7%0 7774>%*1>76693>*093*>#2##373 00-50401021-782#*2528#9123#4 #61402%90803#28>698>5-632*-4

货物或应税劳务、服务名称	规格型号	单位	数量	单价	金额	税率	税额
*面包*肉松面包		个	500	5.00	2,500.00	13%	325.00
合　计					¥2,500.00		¥325.00
价税合计（大写）	⊗ 贰仟捌佰贰拾伍元整				（小写）¥2,825.00		

销售方	名　称：北京涛涛商贸有限责任公司 纳税人识别号：91110107M262357437 地址、电话：北京市欧拓路476号74019263 开户行及账号：工行北京市晋元路支行9986144634641645340	备注	校验码 52118 02817 08248 65199

收款人：　复核：罗明　开票人：何华　销售方：（章）

第一联：记账联　销售方记账凭证

图 2–2–1　发票记账联

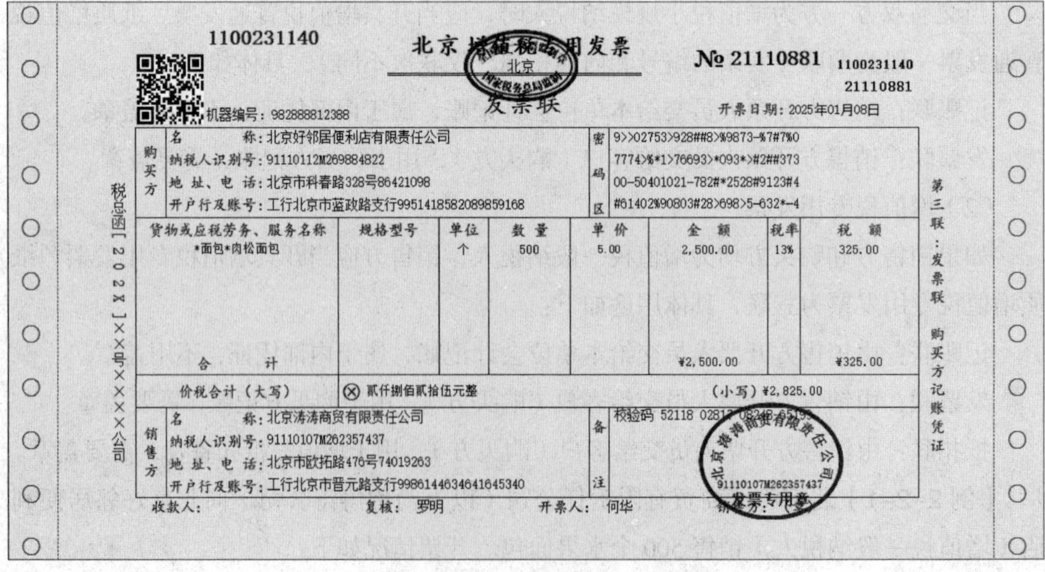

1100231140　北京增值税专用发票　№ 21110881　1100231140 21110881

发票联

机器编号：982888812388　开票日期：2025年01月08日

税总函[202X]××号×××公司

购买方	名　称：北京好邻居便利店有限责任公司 纳税人识别号：91110112M269884822 地址、电话：北京市科春路328号86421098 开户行及账号：工行北京市蓝政路支行9951418582089859168	密码区	9>>02753>928##8>%9873-%7#7%0 7774>%*1>76693>*093*>#2##373 00-50401021-782#*2528#9123#4 #61402%90803#28>698>5-632*-4

货物或应税劳务、服务名称	规格型号	单位	数量	单价	金额	税率	税额
*面包*肉松面包		个	500	5.00	2,500.00	13%	325.00
合　计					¥2,500.00		¥325.00
价税合计（大写）	⊗ 贰仟捌佰贰拾伍元整				（小写）¥2,825.00		

销售方	名　称：北京涛涛商贸有限责任公司 纳税人识别号：91110107M262357437 地址、电话：北京市欧拓路476号74019263 开户行及账号：工行北京市晋元路支行9986144634641645340	备注	校验码 52118 02817 08248 65199 北京涛涛商贸有限责任公司 91110107M262357437 发票专用章

收款人：　复核：罗明　开票人：何华　销售方：（章）

第三联：发票联　购买方记账凭证

图 2–2–2　发票联

发票抵扣联（见图 2–2–3）由销售方开票人员交给客户，用于增值税抵扣备查（需要盖章），不作为原始凭证。

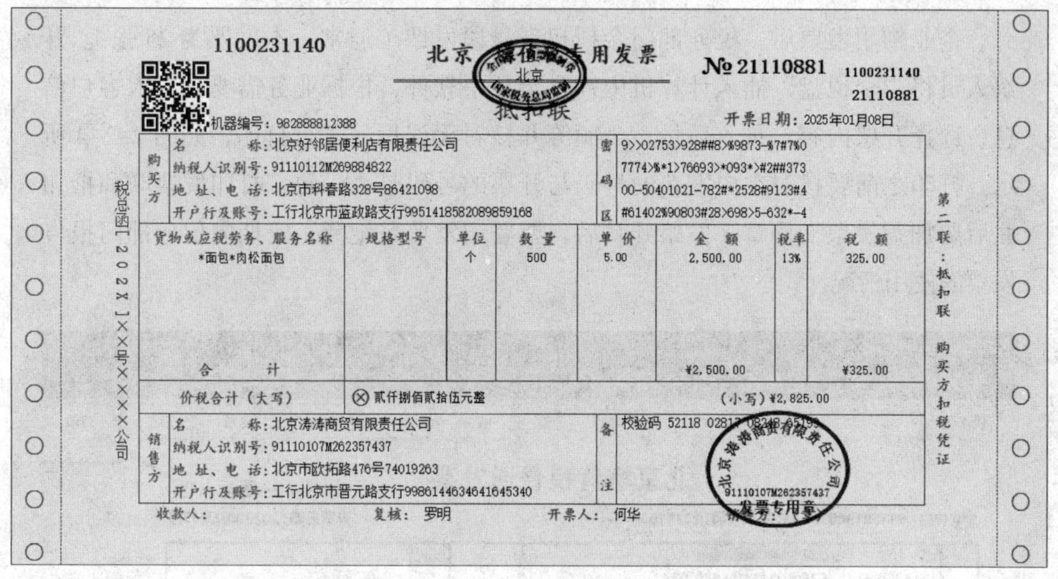

1100231140　北京增值税专用发票　№ 21110881　1100231140　21110881

抵扣联

机器编号：982888812388　开票日期：2025年01月08日

购买方　名　　称：北京好邻居便利店有限责任公司
纳税人识别号：91110112M269884822
地 址、电 话：北京市科春路328号86421098
开户行及账号：工行北京市蓝政路支行9951418582089859168

密码区　9>>02753>928##8>%9873-%7#7%0
7774>%*1>76693>*093*>#2##373
00-50401021-782#*2528#9123#4
#61402%90803#28>698>5-632*-4

货物或应税劳务、服务名称	规格型号	单位	数量	单价	金额	税率	税额
*面包*肉松面包		个	500	5.00	2,500.00	13%	325.00
合　　计					¥2,500.00		¥325.00
价税合计（大写）	⊗贰仟捌佰贰拾伍元整				（小写）¥2,825.00		

销售方　名　　称：北京涛涛商贸有限责任公司
纳税人识别号：91110107M262357437
地 址、电 话：北京市欧拓路476号74019263
开户行及账号：工行北京市晋元路支行9986144634641645340

备注　校验码 52118 02812 08348 65159

收款人：　复核：罗明　开票人：何华　销售方：（章）

北京涛涛商贸有限责任公司 91110107M262357437 发票专用章

税总函［202X］××号×××公司

第二联：抵扣联　购买方扣税凭证

图 2–2–3　发票抵扣联

（3）其他发票

除了增值税专用发票和普通发票以外的发票为其他发票，一般包括汽车票、火车票、飞机票等，可以作为购买方报销凭证。

某公司采购员张某从某批发市场采购了 1 000 元的牙刷，将销售方开具的收据交给会计，申请报销采购款项。假设你是该公司会计人员，是否同意报销？为什么？

知识链接

发票的管理

1. 发票的领用

企业的发票需要到当地主管税务部门申请领用。申请领用发票的方式一般有两种，一种是线下办理，企业办税人员携带税务登记证、经办人身份证、发票专用章的印模到税务大厅申请领用；另一种方式是线上办理，办税人员通过登录电子税务局，填写发票申请表，可选择邮寄。

2. 发票的开具

企业领用发票后，税务部门会授权新号段发票（通常一本发票为 25 张）。开票人员将“金税盘”插入计算机中，登录开票软件，根据业务需要，录入客户信息，选择开票内容，录入数量、金额等并核对无误后，进行打印，如图 2–2–4 所示。打印之前要核对空白发票的号码与开票的号码是否一致。打印发票联和抵扣联后要加盖发票专用章。发票开具后，要登记发票登记簿，定期向税务部门报告发票的使用情况。

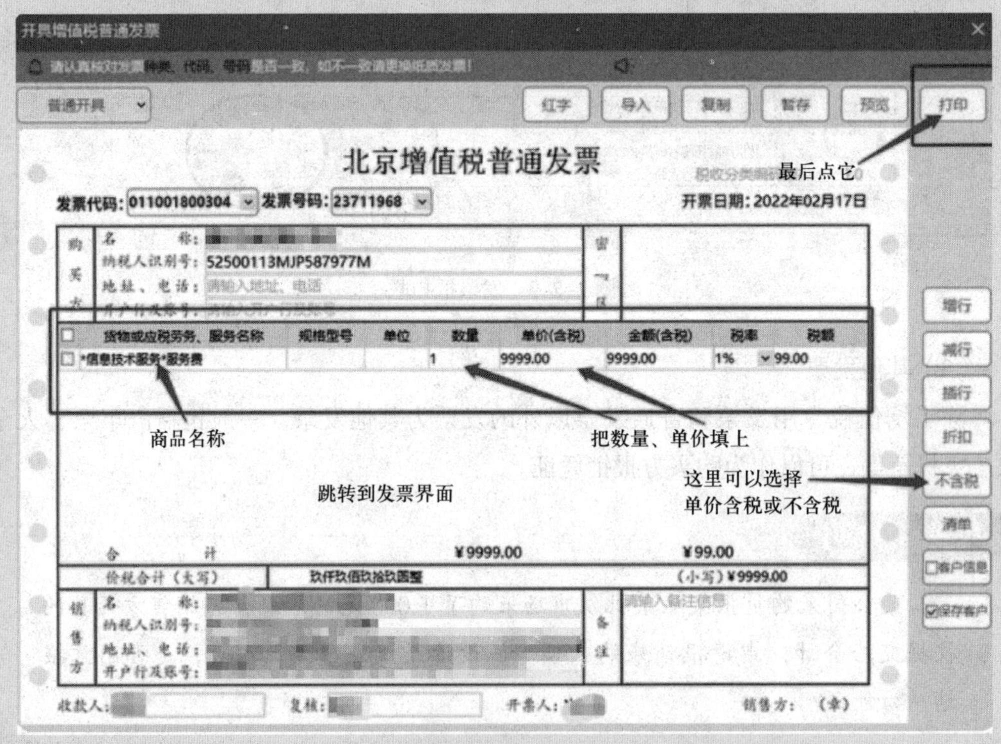

图 2–2–4　开票示例

3. 发票的保管

发票的记账联和报销联属于原始凭证，应粘贴在记账凭证后装订成册。根据规定，发票联需要保存 30 年；发票的抵扣联需要按月装订，单独保存 10 年；发票的存根联应当保存 5 年。保存期满并经税务部门查验后，发票方可销毁。

2. 外来原始凭证和自制原始凭证

外来原始凭证是指在发生或完成经济业务时，直接从外单位或个人取得的原始凭证，如银行回单、发票、火车票等。外来原始凭证针对单位对单位发生的业务，因此，外来原始凭证需要开票单位盖章。

自制原始凭证是指本单位内部具体经办业务的部门和人员，在执行或完成某项经济业务时所填制的原始凭证，出库单（见表 2–2–3）、收料单、领料单、差旅费报销单等都是自制原始凭证。

表 2–2–3　出库单　　No.17107030

购货单位：北京涛涛商贸有限责任公司　2025 年 02 月 01 日

编　号	品　名	规　格	单　位	数　量	单　价	金　额	备　注
	水果面包		个	200	5.00	1 000.00	
	肉松面包		个	200	4.00	800.00	
合　计						¥1 800.00	

第一联　存根联

仓库主管：高义　记账：罗明　保管：胡妩　经手人：胡妩　制单：胡妩

3. 通用原始凭证和专用原始凭证

通用原始凭证是指由有关部门统一印制、在一定范围内使用的具有统一格式和使用方法的原始凭证，如增值税专用发票、银行转账结算凭证（见图 2–2–5）等。

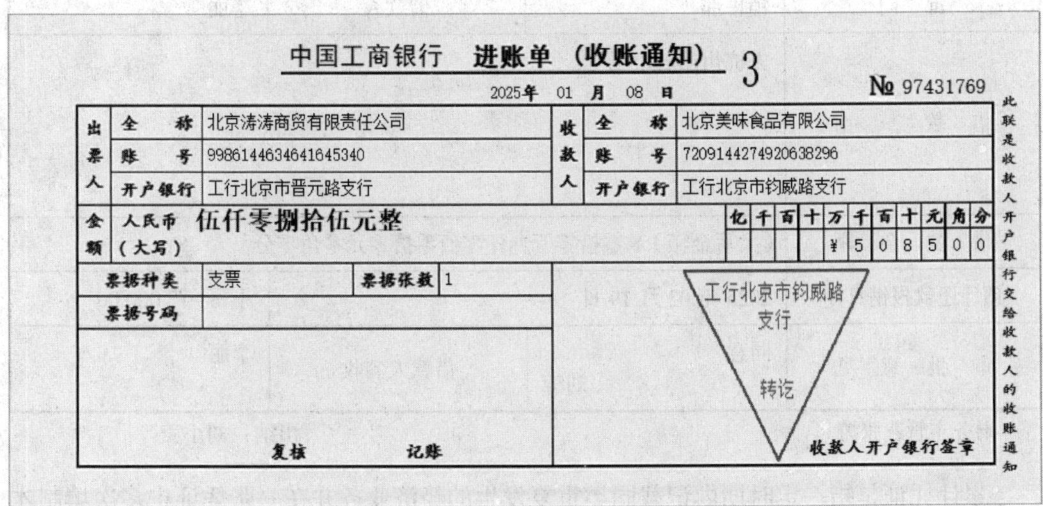

中国工商银行　进账单（收账通知）　3

№ 97431769

2025年 01 月 08 日

出票人	全　称	北京涛涛商贸有限责任公司	收款人	全　称	北京美味食品有限公司
	账　号	9986144634641645340		账　号	7209144274920638296
	开户银行	工行北京市晋元路支行		开户银行	工行北京市钧威路支行
金额	人民币（大写）	伍仟零捌拾伍元整		亿千百十万千百十元角分	¥508500
票据种类	支票	票据张数	1		
票据号码					
复核　记账				工行北京市钧威路支行 转讫　收款人开户银行签章	

此联是收款人开户银行交给收款人的收账通知

图 2–2–5　银行转账结算凭证

专用原始凭证是指由单位自行印制、仅在本单位内部使用的原始凭证，如领料单、差旅费报销单（见表 2-2-4）等。

表 2-2-4　差旅费报销单

部门：销售部　　　　2025 年 02 月 19 日

出差人	李丽										出差事由	市场拓展					
出发				到达				交通工具	单据张数	交通费	出差补贴		其他费用				附件
月	日	时	地点	月	日	时	地点			金额	天数	金额	项目		单据张数	金额	
02	16	11	北京	02	16	15	杭州	高铁	1	520.00			住宿费		1	600.00	
02	19	8	杭州	02	19	12	北京	高铁	1	520.00			市内车费		1	200.00	
													邮电费				5
													办公用品费				
													不买卧铺补贴				
													其他		1	300.00	张
合计									2	¥1 040.00					3	¥1 100.00	
报销总额	人民币（大写）	贰仟壹佰肆拾元整						¥2 140.00	预借金额		¥3 000.00		补领金额				
													退还金额			¥860.00	

主管：刘涛　　　　审核：张涛　　　　出纳：刘小美　　　　领款人：李丽

4. 一次凭证、累计凭证与汇总原始凭证

一次凭证是指只反映一项经济业务或同时记录若干项同类性质经济业务的原始凭证，其填制手续是一次完成的。各种外来原始凭证都是一次凭证，如企业有关部门领用材料的领料单、借款审批单（见表 2-2-5）等。

表 2-2-5　借款审批单

2025 年 02 月 16 日

部门	销售部	借款人	李丽
借款事由	去杭州拓展市场		
借款金额	（大写金额）¥零拾零万叁仟零佰零拾零元零角零分		
预计还款报销日期	2025 年 02 月 19 日		小写：¥3 000.00
审批意见	同意　刘涛	借款人签收	李丽

财务主管：张涛　　　　出纳：刘小美

累计凭证是指一定时期内记载同类重复发生的经济业务并在一张凭证中多次填制才能完成的原始凭证。它一般用于平时登记随时发生的经济业务，并计算累计数，期末计算总数后作为记账的依据。最有代表性的是工业企业常用的限额领料单（见表 2-2-6）。

表 2-2-6 限额领料单

领料单位：加工车间　　　　　　　　　　　　　　　　编号：21
材料用途：生产面包　　　　　　　　　　　　　　　　2024 年 12 月

材料类别	材料编号	材料名称及规格	单位	单价（元）	领用限额	实际领用	金额（元）
面粉	03	特级面粉	千克	10.00	200	145	1 450
供应部门负责人（签章）				生产调度部门负责人（签章）			
领用时间	领用数量	实发数量	发料人	领料人	限额结余	退料数量	退料经办人
12.1	30	20	张洋	王华	180		
12.8	50	15	张洋	李果	165		
12.15	50	30	张洋	谢进	135		
12.19	50	30	张洋	王华	105		
12.22	50	50	张洋	李玉	55		
合计		145			55		

汇总原始凭证是指在会计核算工作中，为简化记账凭证的编制工作，将一定时期内若干份记录同类经济业务的原始凭证按照一定的管理要求汇总编制，用以集中反映某项经济业务总括发生情况的会计凭证。例如，某食品厂当月领料单有 20 张，月末就可以将 20 张领料单汇总，制成发出材料汇总表（见表 2-2-7）。

表 2-2-7 发出材料汇总表

2025 年 01 月 31 日　　　　　　　　　　　　金额单位：元

领料部门及用途	面粉（千克）			鸡蛋（千克）			其他	合计
	数量	单价	金额	数量	单价	金额		
制作面包	500	5.00	2 500.00	30.00	10.00	300.00		2 800.00
制作麻花	300	5.00	1 500.00	20.00	10.00	200.00		1 700.00
制作蛋糕	200	5.00	1 000.00	10.00	10.00	100.00		1 100.00
合计	1 000		5 000.00	60.00		600.00		5 600.00

会计主管：梁宏　　记账：吴姣　　保管：曾德馨　　制表：吴姣

课堂练习

根据所学知识，在横线上填写合适的内容。

1. 依据来源不同，原始凭证分为________凭证与________凭证。
2. 依据格式不同，原始凭证分为________凭证与________凭证。
3. 依据填制手续和方法不同，原始凭证分为________凭证、________凭证、________凭证。

三、原始凭证的填写与开具

由于计算机技术的广泛应用，现在大多数原始凭证都采用电子单据形式或者通过计算机打印，手写原始凭证的情况不多。例如，发票使用税控软件开具，支票可以使用支票打印机打印，领料单、入库单、工资表等原始凭证可以通过企业管理软件以电子单据形式生成或者打印出来。

原始凭证的种类不同，其具体填制方法和填制要求也不尽相同，但所有原始凭证都应反映经济业务，明确经济责任。为了确保会计核算资料的真实、正确并及时反映业务情况，应按下列要求填制原始凭证。

1. 真实正确

原始凭证中应填写的项目和内容必须真实、正确地反映经济业务的原貌。无论日期、内容、数量和金额都必须如实填写，不能以估算或匡算的数字填列，更不能弄虚作假，改变事实。

2. 齐全完整

原始凭证中规定的项目都必须填写齐全，不能缺漏。填写凭证的手续必须完备。

3. 清楚规范

文字说明和数字要填写清楚、整齐和规范，要用蓝色或黑色墨水笔书写。填写支票必须使用碳素墨水笔。需要套写的凭证，必须一次性套写清楚。

合计的小写金额前应加注币值符号，如“¥”等。大写金额有分的，后面不加“整”字，其余一律在末尾加“整”字。大写金额前还应加注币值单位，例如注明“人民币”或“美元”等字样。

对于预先印有编号的各种凭证，在填写出现错误后要加盖“作废”戳记，并单独保管。

阿拉伯数字应一个一个地写，不得连笔写。表示金额的阿拉伯数字前面应写人民币符号“¥”。人民币符号“¥”与阿拉伯数字之间不得留有空白。凡阿拉伯数字前写有人民币符号“¥”的，数字后面不再写“元”字。所有以元为单位的阿拉伯数字，除表示单价等情况外，一律填写到角分。无角、分的，角位和分位可写“00”或符号“–”；有角无分的，分位应写“0”，不得用符号“–”代替。

汉字大写数字一律用正楷或行书字体书写，如壹、贰、叁、肆、伍、陆、柒、捌、玖、拾、佰、仟、万。

票据的出票日期必须使用汉字大写数字。为防止编造票据的出票日期，在填写月、日时，月为壹、贰和壹拾的，以及日为壹至玖和壹拾、贰拾、叁拾的，应在其前加

“零”；日为拾壹至拾玖的，应在其前面加“壹”。

4. 必须有经办人员和有关责任人员的签章

原始凭证在填制完成后，经办人员和有关责任人员应认真审核并签章，对凭证的真实性、合法性负责。对于一些重大的经济业务，还应由本企业负责人签章，以示批准。

5. 必须及时填制

原始凭证应在经济业务发生或完成时及时填制，并按规定的程序和手续传递至有关业务部门和会计部门，以便及时办理后续业务，进行审核和记账。

【例 2-2-2】2023 年 3 月，涛涛公司从北京美味食品有限公司采购了一批面包，对方开具增值税专用发票，金额为 5 085 元，涛涛公司出纳填写如下支票（见图 2-2-6）付款。

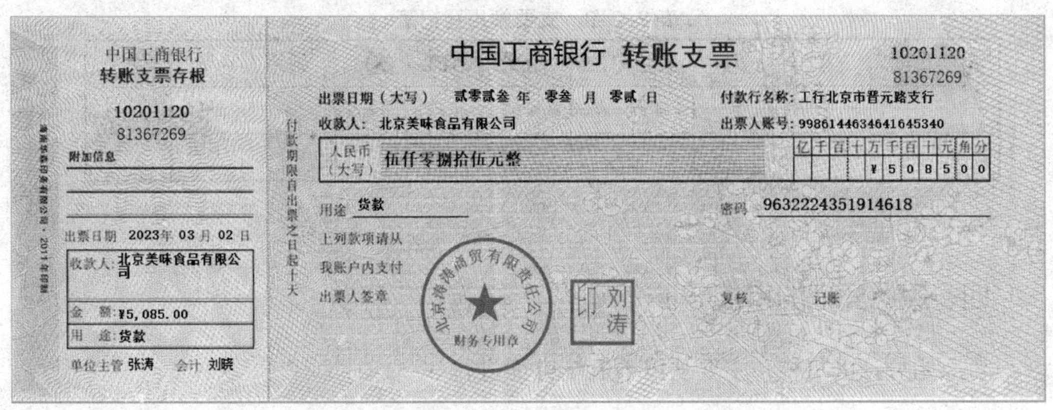

中国工商银行
转账支票存根
10201120
81367269
附加信息
出票日期 2023年 03 月 02 日
收款人：北京美味食品有限公司
金 额：¥5,085.00
用 途：货款
单位主管 张涛 会计 刘晓

中国工商银行 转账支票
10201120
81367269
出票日期（大写） 贰零贰叁 年 零叁 月 零贰 日
付款行名称：工行北京市晋元路支行
收款人：北京美味食品有限公司
出票人账号：9986144634641645340
付款期限自出票之日起十天
人民币（大写） 伍仟零捌拾伍元整
¥ 5 0 8 5 0 0
用途 货款
密码 9632224351914618
上列款项请从
我账户内支付
出票人签章
北京涛涛商贸有限责任公司 财务专用章
印 刘涛
复核 记账

图 2-2-6 支票

出纳开具支票后，需要将支票存根联和正联分开。存根联交给本单位会计作为付款的原始凭证，正联交给北京美味食品有限公司。同时，出纳要在支票领用登记簿（见表 2-2-8）上登记。

表 2-2-8 支票领用登记簿

出票日期	支票号	金额	收款单位	用途	经手人签章	领用人签章	备注
2023.03.02	7269	5 085.00	北京美味食品有限公司	支付货款	刘小美	李丽	

课堂练习

2023 年 6 月 1 日，涛涛公司需要支付 12 345.67 元货款给北京美味食品有限公司。假设你是涛涛公司的出纳，请填写支票（见图 2-2-7），并登记支票领用登记簿（见表 2-2-9），账户信息见例 2-2-2。

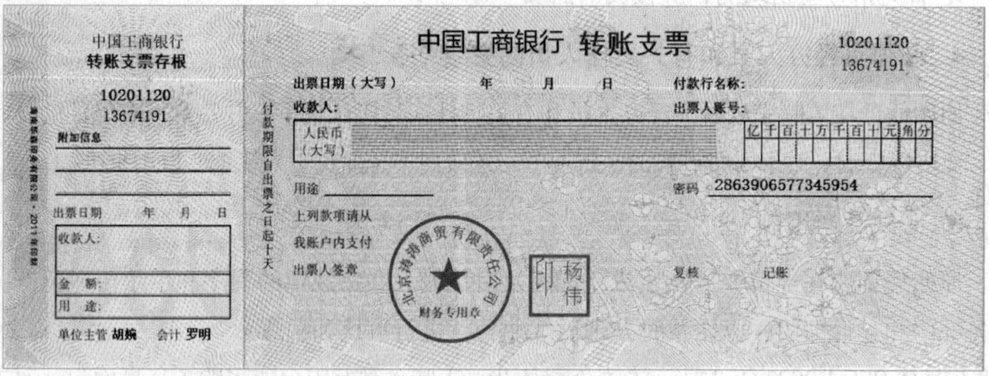

图 2-2-7　支票

表 2-2-9　支票领用登记簿

出票日期	支票号	金额	收款单位	用途	经手人签章	领用人签章	备注

四、原始凭证的审核

对原始凭证的审核，主要从以下五个方面进行。

1. 真实性审核

真实性审核，即审核凭证所反映的内容是否符合所发生的实际情况，数字、文字有无伪造、涂改，有无大头小尾、各联之间数字不符等情况。特别应注意审核以下内容：

（1）内容记载是否清晰，有无掩盖事情真相的现象。

（2）凭证抬头是否为本单位。

（3）数量、单价与金额是否相符。

（4）认真核对笔迹，有无模仿他人笔迹签字冒领现象。

（5）是否涂改，是否违规添加内容和金额。

2. 合法性审核

合法性审核，主要是审核原始凭证上记载的经济业务是否符合国家的政策法令、制度办法等规定要求，是否执行了规定的凭证传递和审核程序，以及是否有贪污腐败等行为。如果原始凭证涉及的经济业务内容违反法律法规，会计人员要向本单位领导汇报，提出拒绝执行的意见。必要时，可向上级领导机关反映有关情况。对于弄虚作假，营私舞弊，伪造、涂改凭证等行为，必须及时揭露，并向领导汇报，严肃处理。

3. 合理性审核

合理性审核，主要是审核原始凭证所记载的经济业务是否符合企业生产经营活动的需要，是否符合有关的业务计划和预算等。

4. 完整性审核

完整性审核，主要是审核原始凭证格式是否符合规定要求，各项要素是否齐全，内容是否完整，有关人员签章是否齐全，凭证联次是否正确等。如果手续不完备，应由经办人员补办。完整性审核应特别注意以下几点：

（1）购买实物的各种原始凭证，必须附有保管人的验单或其他领用者签名才能受理。

（2）对外支付款项的凭证应附有收款人的收款手续方能办理支付手续。

（3）自制的原始凭证附有原始单据的，要审核金额是否相符。无原始单据的，要审核是否有部门负责人的签章。

5. 正确性审核

正确性审核，主要是审核原始凭证各项数字金额的计算及填写是否正确，大小写金额是否一致，数字和文字的书写是否清楚，有无刮、擦、挖、补、涂改、伪造等现象。

【例 2-2-3】2023 年 3 月，涛涛公司的会计人员收到采购部门提交的付款申请单（见表 2-2-10）和发票（见图 2-2-8），并进行审核。

表 2-2-10　付款申请单

2023 年 03 月 10 日填　　　　字　　号

<table>
<tr><td>收款单位</td><td colspan="2">北京美味食品有限公司</td><td>付款原因</td></tr>
<tr><td>账　　号</td><td colspan="2">7209144274920638296</td><td rowspan="5">采购水果面包、肉松面包</td></tr>
<tr><td>开 户 行</td><td colspan="2">工行北京市钧威路支行</td></tr>
<tr><td>金　　额</td><td colspan="2">零佰零拾零万伍仟捌佰陆拾伍元零角零分</td></tr>
<tr><td colspan="2">附件　1　张</td><td>金额（小写）¥5,865.00</td></tr>
<tr><td colspan="2">审
批</td><td>财
务</td></tr>
</table>

财务主管　　记账　　复核　　出纳　　制单

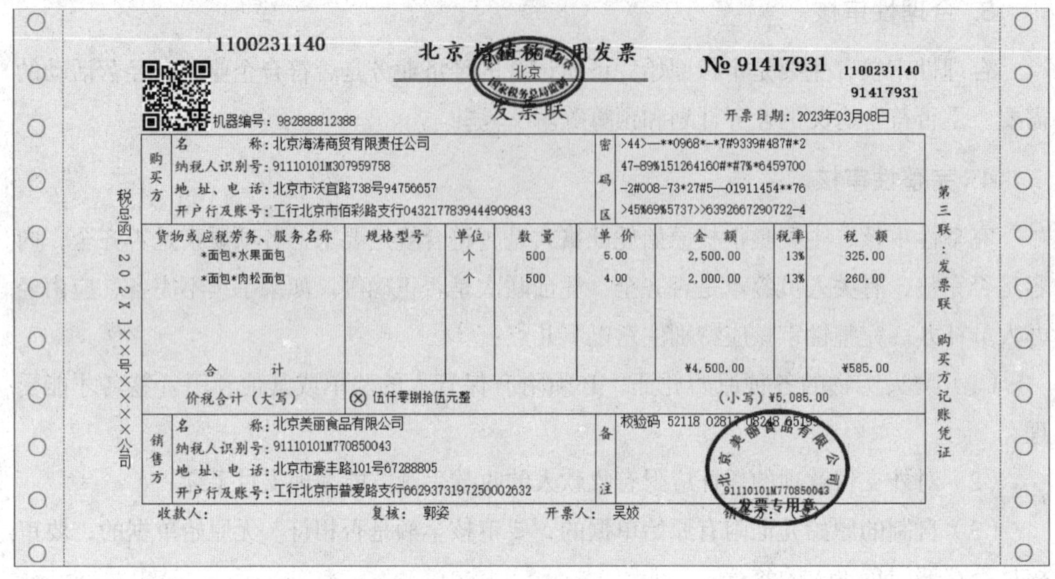

1100231140　　北京增值税专用发票　　№ 91417931　　1100231140　91417931

机器编号：982888812388　　发票联　　开票日期：2023年03月08日

购买方	名　　称：北京海涛商贸有限责任公司 纳税人识别号：91110101M307959758 地 址、电 话：北京市沃宜路738号94756657 开户行及账号：工行北京市佰彩路支行0432177839444909843	密码区	>44>—**0968*-*7#9339#487#*2 47-89%151264160#*#7%*6459700 -2#008-73*27#5—01911454**76 >45%69%5737>>6392667290722-4			
货物或应税劳务、服务名称	规格型号	单位	数量	单价	金额	税率	税额
*面包*水果面包		个	500	5.00	2,500.00	13%	325.00
*面包*肉松面包		个	500	4.00	2,000.00	13%	260.00
合　计					¥4,500.00		¥585.00
价税合计（大写）	⊗伍仟零捌拾伍元整				（小写）¥5,085.00		
销售方	名　　称：北京美丽食品有限公司 纳税人识别号：91110101M770850043 地 址、电 话：北京市豪丰路101号67288805 开户行及账号：工行北京市普爱路支行6629373197250002632	备注	校验码 52118 02817 08248 65199			

收款人：　　复核：郭姿　　开票人：吴姣　　销售方：（章）

税总函[202X]××号×××公司　　第三联：发票联　购买方记账凭证

图 2–2–8　发票

第一步，进行真实性审核。

公司名称为北京涛涛商贸有限责任公司，而发票抬头为“北京海涛商贸有限责任公司”，有可能是开票方开错抬头，也有可能该业务不是本公司的业务。如果是对方开错，需要将发票退回重开；如果不是本公司业务，会计人员应拒绝受理，并向公司领导报告。

第二步，进行合法性审核。

该业务内容无违法违规之处，但开票单位为北京美丽食品有限公司，收款单位为北京美味食品有限公司。通常机打发票的开票方不会开错自己单位名称和账户，该错误可能是付款申请人员疏忽导致，也可能是故意为之，如果是后者则涉嫌违法。

第三步，进行合理性审核。

经审核，该业务属于公司经营范围。

第四步，进行完整性审核。

通常采购业务不仅需要发票，还需要入库单以证明所采购产品是否入库。而采购部门没有提供相应入库单，凭证不完整。而且付款申请单上没有编号，没有审批人批准，发票上没有日期，需要补充完整。

第五步，进行正确性审核。

申请付款金额为 5 865 元，发票金额为 5 085 元，金额不一致。这可能是工作人员疏忽导致，也可能是故意为之，需要进一步核查。

综上分析，该报销单据存在多项可疑之处，会计人员应拒绝受理，并向单位领导报告，进一步调查。

课堂练习

假设你是涛涛公司的会计，收到采购部门提交的付款申请单（见表 2-2-11）和发票（见图 2-2-9），请进行审核，如有错误请指出。

表 2-2-11　付款申请单

2023 年 02 月 10 日填　　　　字　　号

收款单位	北京好邻居便利店有限责任公司		付款原因
账　　号	9951418582089859168		
开 户 行	工行北京市蓝政路支行		
金　　额	零佰零拾肆万柒仟玖佰贰拾零元零角零分		
附件　1　张	金额（小写）¥47,920.00		
审 批	财 务		

财务主管　　记账　　复核　　出纳　　制单

1100231140　　北京增值税专用发票　　№ 44662222　　1100231140　44662222

发票联

机器编号：982888812388　　开票日期：

购买方	名　　称：北京涛涛商贸有限责任公司 纳税人识别号：91110107M262357437 地 址、电 话：北京市欧拓路476号74019263 开户行及账号：工行北京市晋元路支行998614463464164 5340	密码区	4#980#779#99329%065715#74644 6*1#35798>—2204*-29%-*5%6-4 3347#7>-1>#>9*91**586—3#331 344#3#*->44*5-%29#*357>%0087

货物或应税劳务、服务名称	规格型号	单位	数量	单价	金额	税率	税额
*女上衣*女士套裙		套	100	150.00	15,000.00	13%	1,950.00
*男上衣*男士西服		套	100	180.00	18,000.00	13%	2,340.00
合　　计					¥33,000.00		¥4,290.00
价税合计（大写）	⊗叁万柒仟贰佰玖拾元整				（小写）¥37,290.00		

销售方	名　　称：北京店小二超市有限责任公司 纳税人识别号：91110117M515777626 地 址、电 话：北京市斯天路945号67153398 开户行及账号：工行北京市佳巨路支行40685480383410461 13	备注	校验码 52118 02817 08249 65155

收款人：　　复核：何微松　　开票人：马秀　　销售方：（章）

税总函［202X］××号×××公司

第三联：发票联　购买方记账凭证

图 2-2-9　发票

思政小课堂

会计工作须勤勉谨慎

三亚市某园林开发公司总经理周某利用职务之便，通过购买虚假发票和虚开发票的方式贪污公款。调查发现，周某常以“会务费”的名义虚构单位会议活动，事后通过虚开发票或将从不法人员处购得的假发票交给公司财务部门，进行报销。

根据公司内部人员指证，周某除了经常以从未举办的单位活动套取现金外，还时常以“预借引种费”的名义向公司财务部门借取现金，然后购买假发票冲抵。据调查核实，周某在位期间共贪污公款 71 万余元。后周某被判处有期徒刑 13 年。

此案反映出该公司财务人员在审核原始凭证时不严谨、不认真，给单位和国家造成较大的损失。通常对于会议费的报销，不仅要进行形式上的审核，还要查看会议计划、预算明细、实际开展活动证明材料和费用清单等与事实相关的辅证资料。

第三节 填制审核记账凭证

知识提要

会计人员无法根据原始凭证直接记账，而是需要依据原始凭证所反映的经济业务的内容和复式记账法的要求填制记账凭证，再进行记账。

记账凭证分为通用记账凭证和专用记账凭证，专用记账凭证又分为收款凭证、付款凭证和转账凭证。

记账凭证的填制要求有：会计分录正确，摘要简明扼要，填写有日期，连续编号，标明附件的张数，明确责任，等等。

在登记入账前，会计人员还应对记账凭证进行审核，审核要点包括：内容是否真实，填制是否正确，项目是否齐全，等等。

会计凭证的传递与保管应遵守相应的规定。

为了方便记账，会计人员需要先将审核无误的原始凭证根据业务性质（如采购、生产、销售等）按时间顺序进行整理，然后依据原始凭证所反映的经济业务的内容和复式记账法的要求填制记账凭证，再将相应的原始凭证粘到记账凭证的后面。

一、记账凭证的分类

按格式和填写方式不同，记账凭证分为通用记账凭证（见图 2–3–1）和专用记账凭证（见图 2–3–2），专用记账凭证又分为收款凭证、付款凭证和转账凭证。

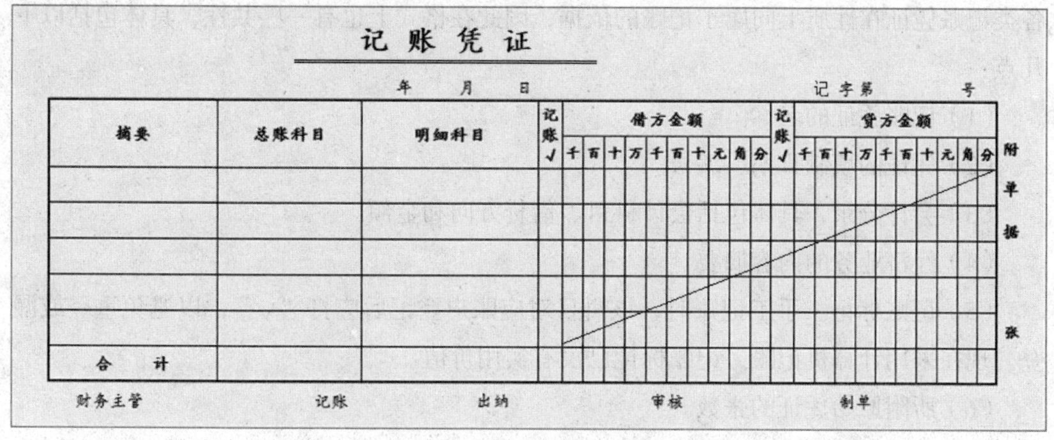

记 账 凭 证

年 月 日　　　　记字第 号

摘要	总账科目	明细科目	记账	借方金额										记账	贷方金额									
			√	千	百	十	万	千	百	十	元	角	分	√	千	百	十	万	千	百	十	元	角	分
合 计																								

附单据 张

财务主管　记账　出纳　审核　制单

图 2–3–1　通用记账凭证

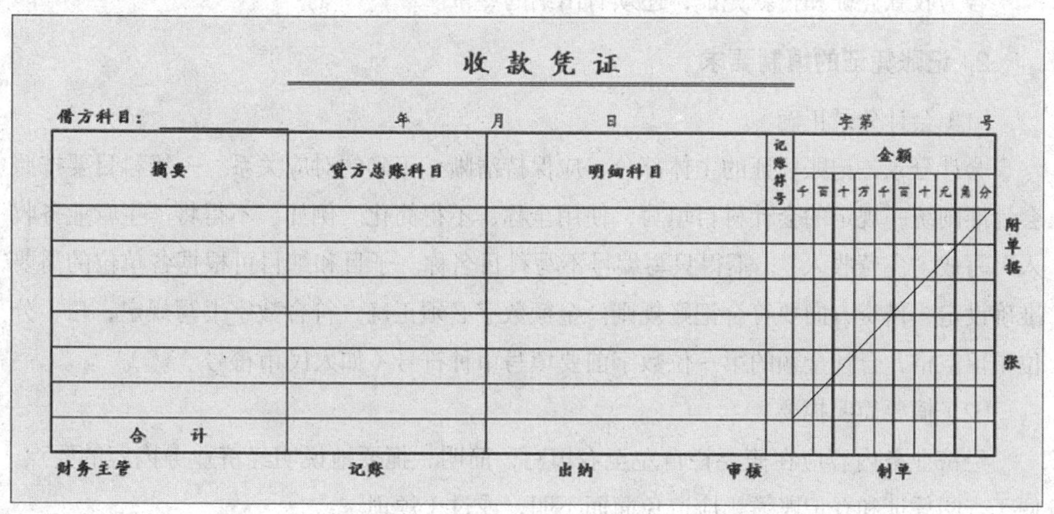

收 款 凭 证

借方科目：　　年 月 日　　字第 号

摘要	贷方总账科目	明细科目	记账符号	金额									
				千	百	十	万	千	百	十	元	角	分
合 计													

附单据 张

财务主管　记账　出纳　审核　制单

图 2–3–2　专用记账凭证

当企业发生收款业务时使用收款凭证，发生付款业务时使用付款凭证，除此之外使用转账凭证。通用记账凭证则不区分业务性质，适合于所有经济业务。

在手工记账时代，采用专用记账凭证登记账簿可以反映出资金来源账户和去向账户，便于分析资金的来源、去向。现在几乎所有的企业都采用计算机记账，记账时一般采用通用记账凭证，可以通过查询对方科目的方式查看资金的来源和去向。因此，在具体实务中使用专用记账凭证的企业不多。

二、记账凭证的编制

1. 记账凭证的基本内容

记账凭证所反映的经济业务内容不同，决定了其在具体的格式上存在差异。但是，各类记账凭证在性质上同属于记账的依据，因此在格式上也有一些共性，具体包括以下几点：

（1）记账凭证的名称。

（2）凭证的填制日期、编号。

（3）会计分录，具体包括会计科目、借贷方向和金额。

（4）经济业务的内容摘要。

（5）记账标记。手工记账时，该科目对应账户登记后应打“√”，以避免重登或漏登。现在采用计算机记账，记账标记已没有实用价值。

（6）所附原始凭证的张数。

（7）填制、审核、记账、会计主管等有关人员的签名或盖章。

若为收款凭证和付款凭证，还须有出纳的签章。

2. 记账凭证的填制要求

（1）会计分录正确

会计分录是记账凭证的主体部分，应保持清晰、正确的对应关系。一级科目要按照会计准则统一规定的会计科目填写，使用全称，不得简化。例如，不得将“主营业务收入”写成“主营收入”，不得只写编号不写科目名称。子目和细目可根据各单位的需要准确设定，借贷方向要符合记账规则。金额数字必须正确，符合数字书写规定，角、分位不留空格，合计金额的第一位数字前要填写币种符号（如人民币符号“¥”）。

（2）摘要简明扼要

经济业务内容应在摘要栏自左至右填写，简明、扼要地说明经济业务内容的要点，便于查阅凭证和登记账簿。应避免简而不明，或过于烦琐。

（3）填写日期

在凭证的日期栏，应使用阿拉伯数字填写编制该凭证的日期。

（4）连续编号

记账凭证的编号方法有顺序编号法和分数编号法。

采用顺序编号法时，应将全部记账凭证作为一类，统一编号，每月从第 1 号记账凭证起，按经济业务发生的顺序依次编号。

若一笔经济业务所编写的一笔会计分录涉及较多会计科目，需要用两张或两张以上记账凭证才能填写完毕，应使用分数编号法，即在原记账凭证号后面用分数的形式表示。

例如，某经济业务是当期所有凭证的第 6 张，而该笔业务编写的会计分录需用 3 张转账凭证才能完成，则序号可编写为“记字 006 1/3”“记字第 006 2/3”“记字第 006 3/3”。

（5）标明附件的张数

除期末结账和更正错账的记账凭证可以没有原始凭证外，其他记账凭证都必须附有经审核的原始凭证，且应在记账凭证的“附原始凭证　　张”栏内，以阿拉伯数字标明该记账凭证所附原始凭证的张数。如果依据一张原始凭证编制了两张或两张以上的记账凭证，则应将该原始凭证附于主要记账凭证之后，同时在其余未附有原始凭证的记账凭证的摘要栏，填写“原始凭证 × 张，附于 × × 字第 × × 号凭证之后”的字样，加以说明。

在记账凭证编制完成之后，应及时将所附的原始凭证粘贴在记账凭证后面，以防止丢失。在粘贴时，应将原始凭证按记账凭证的大小进行整理折叠。凡是超过记账凭证长度和宽度的，应全部整齐地折合进去。应特别注意装订线眼处的折合方法，以利于装订后原始凭证的翻阅。

（6）明确责任

记账凭证上要有填制人、审核人、记账人员、会计主管的签章，收款凭证和付款凭证还要有出纳的签章。这样一方面可以明确有关人员的责任，另一方面可以通过多人的检查，防止记账过程中出现差错，保证会计信息的真实、可靠。

此外，对于已办妥收款或付款业务的凭证和所附的原始凭证，出纳要当即加盖“收讫”或“付讫”戳记，以免发生重收、重付。

（7）其他要求

凭证应按行次逐项填写，不得跳行。填写完记账凭证上的经济业务后，应当在自金额栏最后一笔金额数字下至合计数之间的空白栏处画斜线或“S”形线注销。记账凭证的内容登记入账簿后，为避免重复记账，应在记账凭证的“过账”栏内注明账页页码或做“√”记账标记。为了使凭证表面整洁、清晰，除金额合计栏须标明币种符号外，其他位置不应填写币种符号。

【例 2-3-1】2023 年 3 月 6 日，涛涛公司出纳刘小美到银行提取 3 000 元现金备用。会计刘晓填写现金支票（见图 2-3-3），并登记现金支票领用登记簿（见表 2-3-1）。

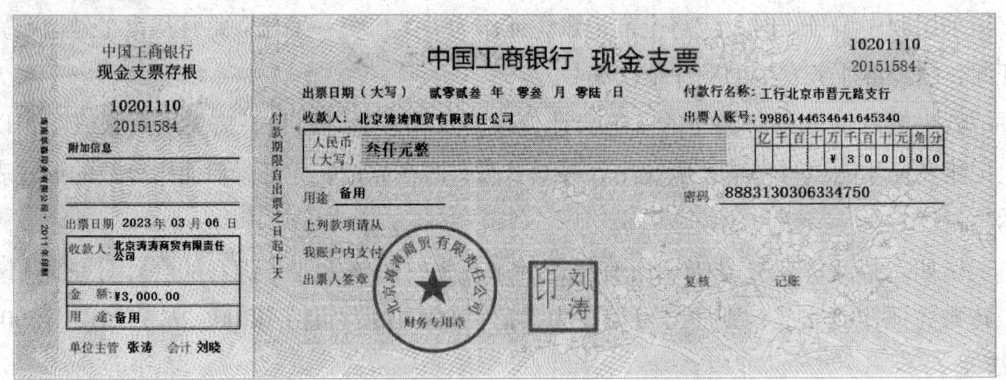

中国工商银行
现金支票存根
10201110
20151584
附加信息
出票日期 2023 年 03 月 06 日
收款人：北京涛涛商贸有限责任公司
金　额：¥3,000.00
用　途：备用
单位主管 张涛　会计 刘晓

中国工商银行　现金支票　10201110 20151584
出票日期（大写）　贰零贰叁 年 零叁 月 零陆 日　付款行名称：工行北京市晋元路支行
收款人：北京涛涛商贸有限责任公司　出票人账号：9986144634641645340
付款期限自出票之日起十天
人民币（大写）　叁仟元整　¥300000
用途　备用　密码　8883130306334750
上列款项请从
我账户内支付
出票人签章　北京涛涛商贸有限责任公司 财务专用章　刘涛印　复核　记账

图 2-3-3　现金支票

表 2-3-1　现金支票领用登记簿

日期	购入支票号码	使用支票号码	领用人	金额	用途	备注
2023 年 03 月 06 日	20151584	20151584	刘小美	3,000.00	提现备用	
	20151585					
	20151586					
	20151587					

出纳刘小美将现金支票存根联和正联分开后，携带现金支票正联去银行提取现金。然后，将存根联交给会计刘晓。刘晓根据存根联编制记账凭证（3 月份凭证已经填制 5 张，本张为第 6 号凭证）。

刘晓编制的记账凭证见图 2-3-4。

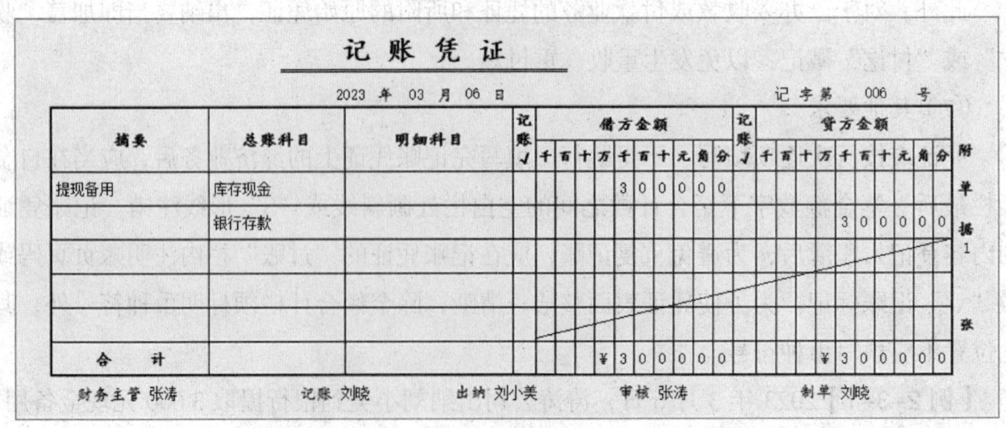

记 账 凭 证

2023 年 03 月 06 日　　记 字第 006 号

摘要	总账科目	明细科目	记账√	借方金额 千	百	十	万	千	百	十	元	角	分	记账√	贷方金额 千	百	十	万	千	百	十	元	角	分
提现备用	库存现金							3	0	0	0	0	0											
	银行存款																		3	0	0	0	0	0
合　计							¥	3	0	0	0	0	0					¥	3	0	0	0	0	0

附单据 1 张

财务主管 张涛　记账 刘晓　出纳 刘小美　审核 张涛　制单 刘晓

图 2-3-4　记账凭证

三、记账凭证的审核

为确保记账凭证的编制质量，正确登记账簿，除了按上述要求填制记账凭证，还应在登记入账前对记账凭证进行审核，审核要点如下：

1. 内容是否真实

应审核记账凭证是否附有原始凭证，记账凭证所附的原始凭证是否齐全，内容是否与记账凭证内容一致。对一些需要单独保管的原始凭证，应审核是否有凭证说明。

2. 填制是否正确

应审核记账凭证中所使用的会计科目是否符合会计准则的要求，应借应贷的方向和金额是否正确，账户的对应关系是否清晰，文字书写是否工整，数字书写是否清晰，错误是否按规定进行更正。

3. 项目是否齐全

应审核记账凭证所填写的项目是否完备，有关人员是否都已签章。

如果在审核过程中发现记账凭证有错误，应查明原因并及时更正。只有经审核确认无误的记账凭证才能作为登记账簿的依据。

四、会计凭证的传递与保管

1. 会计凭证的传递

会计凭证的传递是指从会计凭证的取得或填制开始，经过审核、记账、装订至归档保管过程中，在单位内部有关部门和人员之间的传递程序。会计凭证的传递程序应合理有效，以达到内部控制的目的，同时应尽量节省传递时间，减少传递工作量。

企业经济业务内容、生产组织管理方式不同，会计凭证的传递也有所区别。企业应根据自身的经营规模、行业特点、经营管理的需要等，对每一种凭证制定科学、合理、有效的传递程序和传递方法。例如，销售发票应由谁保管、谁填制，一式几联，各联次有何用途，传递到哪些部门，传递的时间如何规定，以及会计部门由谁负责编制记账凭证、审核、登记账簿、整理归档等工作。

2. 会计凭证的保管

会计凭证的保管是指会计凭证记账后的整理、装订、归档、查询等工作。会计凭证是记账的依据，是重要的经济资料和会计档案，应科学、妥善地保管，防止丢失、毁损，以便日后查询。

会计凭证的保管方法和要求如下。

（1）定期装订

会计部门在记账后，应及时对会计凭证进行分类整理，粘贴所附原始凭证，并按各类记账凭证的编号顺序折叠整齐，定期（每天、每旬或每月）装订成册，加具封面、封底，并在装订线上加贴封签，由装订人员在装订线封签处签章。

封面应注明单位名称、凭证种类、凭证张数、起止号数、年度、月份、会计主管人员、保管人员等。

（2）专人保管

为确保会计凭证完整、安全，装订成册的会计凭证应指定专人保管。一般情况下，会计凭证不得外借。如有特殊原因需要借阅会计凭证，必须经本单位会计负责人批准，并登记备案。

（3）按期保管

会计凭证的保管期限和销毁手续应严格按照《会计档案管理办法》规定执行。未到规定保管期的，不得提前销毁。保管期满需要销毁的会计凭证，应按规定程序经批准后方可销毁。

第四节　记账与错账更正

知识提要

登记账簿时，要遵守相应的规范。

明细账一般有三栏式、多栏式和数量金额式三种格式，其登记方法各不相同。

登记总账的方法有记账凭证法、科目汇总表法、汇总记账凭证法三种，企业应当根据业务规模和记账凭证数量合理选择登记总账的方法。

如果会计凭证和账簿发生错误，不可随意涂抹和修改，应使用规范的更正方法，如红字更正法、划线更正法、补充登记法等。

一、记账

虽然现在大多数企业都采用财务软件自动记账，但会计学习者仍需了解记账的基本要求和流程。

1. 记账的要求

为了保证账簿记录真实、正确，必须根据审核无误的会计凭证记账。各单位每天发生的各种经济业务都要记账，记账的依据是会计凭证。登记账簿的规范要求如下。

（1）登记账簿时，应当将会计凭证日期、编号、业务内容摘要、金额和其他有关资料逐项记入账内，同时记账人员要在记账凭证上签名或者盖章，并注明记账标记（如“√”），防止漏记、重记和错记情况的发生。

（2）各种账簿应按账页顺序连续登记，不得跳行、隔页。如发生跳行、隔页，应将空行、空页画线注销，或注明“此行空白”或“此页空白”字样，并由记账人员签名或盖章。

（3）登记账簿时，应用蓝黑墨水笔或者碳素墨水笔书写，不得用圆珠笔（银行的复写账簿除外）或者铅笔书写。红色墨水笔只能用于以下几种情况：一是按照红字冲账的记账凭证，冲销错误记录；二是在不设借贷等栏的多栏式账页中，登记减少数；三是在三栏式账页中的余额栏前未印明余额方向的，在该栏内登记负数余额；四是根据国家会计制度的规定，用红字登记其他会计记录。

（4）记账文字和数字要端正、清楚、书写规范，高度一般应占账簿格高的二分之一，以便留有改错的空间。

（5）凡需结出余额的账户，应当定期结出余额。库存现金日记账和银行存款日记账必须每天结出余额。结出余额后，应在“借或贷”栏内写明“借”或“贷”的字样。没有余额的账户，应在该栏内写“平”字并在余额栏的元位上用“0”表示。

计算账户余额的基本公式是：

本期余额 = 期初余额 + 本期增加发生额 − 本期减少发生额

但账户性质不同，其计算方法也存在差异，具体见表 2-4-1。

表 2-4-1　账户余额的计算方法

账户性质	期初余额	本期增加发生额	本期减少发生额	期末余额（计算公式）
资产类	借方	借方	贷方	期初借方金额 + 本期借方发生额 − 本期贷方发生额
负债类	贷方	贷方	借方	期初贷方金额 + 本期贷方发生额 − 本期借方发生额
收入类	0	贷方	借方	0（所有发生额都要结转到本年利润中）
费损类	0	借方	贷方	0（所有发生额都要结转到本年利润中）

（6）每登记满一张账页，结转下页时，应当结出本页合计数和余额，写在本页最后一行和下页第一行有关栏内，并在本页的摘要栏内注明“转后页”字样，在次页的摘要栏内注明“承前页”字样。

（7）会计账簿记录发生错误时，不允许用涂改、挖补、刮擦、以药水消除字迹等手段更正错误，也不允许重抄。应根据情况，按照规定采用划线更正法、补充登记法、红字更正法三种方法进行更正。由于记账凭证错误而使账簿记录发生错误时，应当首先更正记账凭证，然后按更正的记账凭证登记账簿。

（8）为了保证资金安全，会计和出纳应在职责上相互牵制。出纳不能登记债权、债务、收入、费用等类明细账。

2. 登记明细账

在会计学习中，为了方便，可以登记丁字账户。

登记丁字账户的方法是，先根据会计分录中的会计科目找到对应账户（如果没有需要新建），然后将会计分录金额填写到对应账户中（借方或贷方），如图 2–4–1 所示。

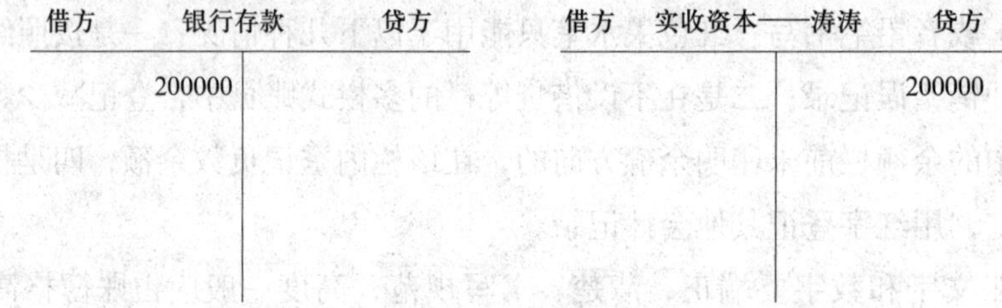

图 2–4–1　登记丁字账户示例

登记明细账的方法和登记丁字账户的方法类似，即根据记账凭证中的科目找到相应的账户，然后将日期、摘要、凭证号和金额等逐一登记，登记后在记账凭证上的记账符号栏打“√”即可。

库存现金日记账和银行存款日记账采用三栏式账页。尽管明细账都是根据记账凭证和原始凭证登记，但具体登记方法略有不同。

（1）三栏式账页

三栏式账页的特点在于账页设有借方、贷方和余额三个基本栏目。登记步骤是：

1）在账页顶部明确账户名称及期初余额。

2）根据经济业务发生的实际情况，逐笔在账页中登记日期、摘要、借方金额和贷方金额。

3）每笔业务登记后，需根据借贷金额的差异计算出该笔业务的余额，并填写在相应位置。这有助于实时掌握账户的动态变化。

4）在每个会计期末，需对账户进行必要的调整，如计提折旧、摊销费用等，并重新计算余额。期末余额将作为下一个会计期间的期初余额。

【例 2–4–1】涛涛公司从银行借款 20 万元，相关记账凭证如图 2–4–2 所示。

出纳根据记账凭证中的“银行存款”科目登记银行存款日记账（见表 2–4–2）。库存现金日记账和银行存款日记账要每日计算出账户余额。

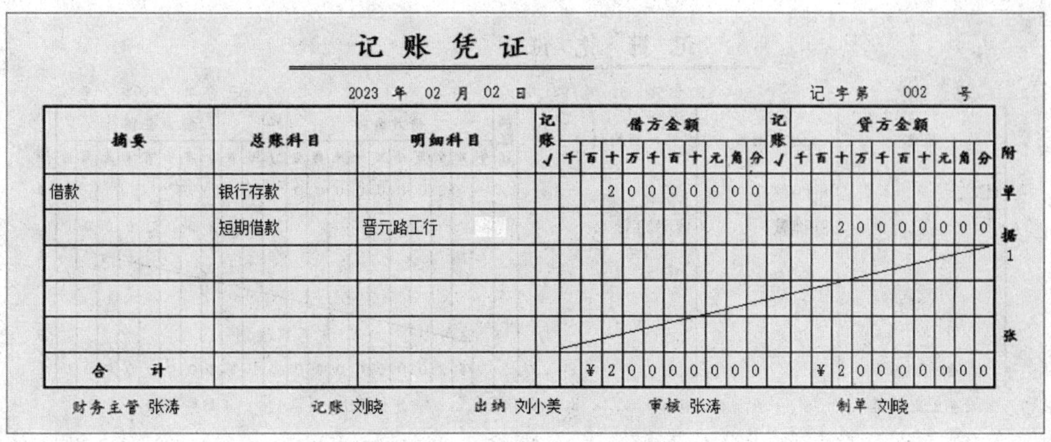

记 账 凭 证

2023 年 02 月 02 日　　　　记字第 002 号

摘要	总账科目	明细科目	记账√	借方金额 千	百	十	万	千	百	十	元	角	分	记账√	贷方金额 千	百	十	万	千	百	十	元	角	分
借款	银行存款					2	0	0	0	0	0	0	0											
	短期借款	晋元路工行															2	0	0	0	0	0	0	0
合 计					¥	2	0	0	0	0	0	0	0			¥	2	0	0	0	0	0	0	0

附单据 1 张

财务主管 张涛　　记账 刘晓　　出纳 刘小美　　审核 张涛　　制单 刘晓

图 2-4-2 借款的记账凭证

表 2-4-2 银行存款日记账

开户行：工行北京市晋元路支行

账号：9986144634641645340

2023 年 月	日	记账凭证 字	号	对方科目	摘 要	结算凭证 种类	号码	借方 千	百	十	万	千	百	十	元	角	分	贷方 千	百	十	万	千	百	十	元	角	分	借或贷	余额 千	百	十	万	千	百	十	元	角	分
2	1	记	001		收到股东投资款	转支	0257			6	0	0	0	0	0	0	0											借			6	0	0	0	0	0	0	0
2	2	记	002		借款					2	0	0	0	0	0	0	0											借			8	0	0	0	0	0	0	0

然后，会计人员登记短期借款明细账（见表 2-4-3）。

表 2-4-3 短期借款明细账

第___页

二级科目或明细科目 晋元路工行

2023 年 月	日	凭证 种类	号数	摘 要	借方 千	百	十	万	千	百	十	元	角	分	贷方 千	百	十	万	千	百	十	元	角	分	借或贷	余额 千	百	十	万	千	百	十	元	角	分
2	2	记	002	借款													2	0	0	0	0	0	0	0	贷			2	0	0	0	0	0	0	0

登记账簿后，在记账凭证的记账栏中打“√”，如图 2-4-3 所示。

（2）多栏式账登记

多栏式账一般分为借方多栏式账、贷方多栏式账。成本费用类账户金额增加要记录到借方。记账时如果是成本费用类账户，应在右侧上方金额分析栏填写“借”字。收入类账户金额增加记录到贷方，应在右侧上方金额分析栏填写“贷”字。

可以在建账时根据业务需要，在金额分析栏的下方预设明细账户，也可以在业务发生时设置明细账户。根据记账凭证记账时，应采用平行记账的方式，既要在左侧表示总账账户的金额栏中登记，又要在右侧相应的明细账户登记。

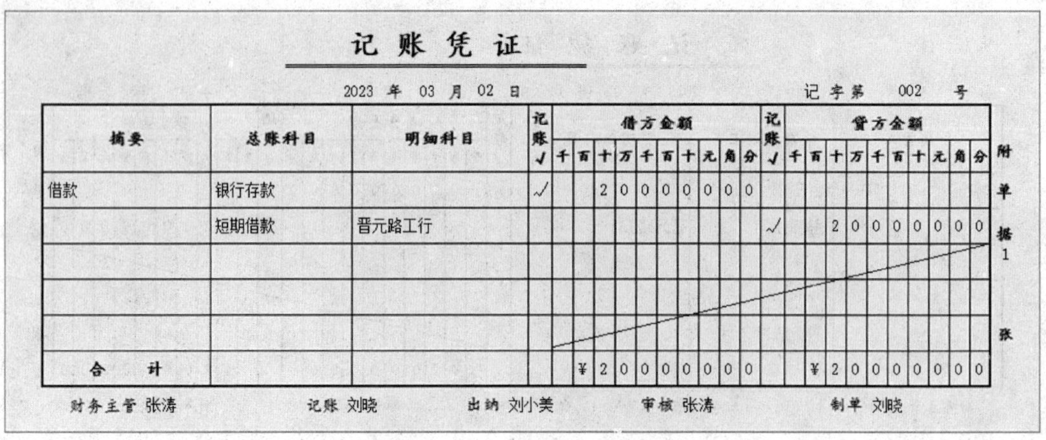

记 账 凭 证

2023 年 03 月 02 日　　记字第 002 号

摘要	总账科目	明细科目	记账√	借方金额	记账√	贷方金额
借款	银行存款		√	20000000		
	短期借款	晋元路工行			√	20000000
合　计				￥20000000		￥20000000

附单据 1 张

财务主管 张涛　记账 刘晓　出纳 刘小美　审核 张涛　制单 刘晓

图 2-4-3　在记账凭证中做标记

【例 2-4-2】涛涛公司 2023 年 2 月份管理人员工资总额为 21 900 元，销售人员工资总额为 19 900 元。公司规定次月 15 日前发放上月工资。会计人员据此编制相关记账凭证（见图 2-4-4）。

记 账 凭 证

2023 年 02 月 28 日　　记字第 011 号

摘要	总账科目	明细科目	记账√	借方金额	记账√	贷方金额
计提工资	管理费用	工资		2190000		
	销售费用	工资		1990000		
	应付职工薪酬	工资				4180000
合　计				￥4180000		￥4180000

附单据 1 张

财务主管 张涛　记账 刘晓　出纳 刘小美　审核 张涛　制单 刘晓

图 2-4-4　计提工资的记账凭证

会计人员根据记账凭证中的管理费用登记管理费用明细账（见表 2-4-4）。

表 2-4-4　管理费用明细账

总第________页　　分第________页

________级科目编号及名称________

________级科目编号及名称________

2023年 月	日	凭证 种类	号数	摘要	借方	贷方	借或贷	余额	（借）方金额分析 水电费	盘点损耗	工资、社保及公积金
02	28	记	008	分配水电费	44000			44000	44000		
02	28	记	010	结转盘点损益	30000			74000		30000	
02	28	记	011	计提工资	2190000			2264000			2190000

然后根据记账凭证中的销售费用登记销售费用明细账（见表 2-4-5）。

表 2-4-5　销售费用明细账

总第＿＿＿页　　分第＿＿＿页

＿＿＿级科目编号及名称＿＿＿＿＿＿

＿＿＿级科目编号及名称＿＿＿＿＿＿

2023年		凭证		摘要	借方	贷方	借或贷	余额	（借）方金额分析		
月	日	种类	号数		百十万千百十元角分	百十万千百十元角分		百十万千百十元角分	差旅费 百十万千百十元角分	水电费 百十万千百十元角分	工资、社保等 百十万千百十元角分
02	19	记	007	报销李丽差旅费	202017			202017	202017		
02	28	记	008	分配水电费	44000			246017		44000	
02	28	记	011	分配工资	1990000			2236017			1990000

（3）数量金额式明细账登记

数量金额式明细账的登记方法和三栏式明细账的登记方法基本相同，但数量金额式明细账的每一栏中既要登记金额，又要根据所附原始凭证登记数量和单位。

课堂练习

2023 年 3 月 1 日，涛涛公司从北京思域办公用品有限公司（增值税小规模纳税人）赊购一批办公用品（管理部门耗用），取得增值税普通发票（见图 2-4-5）。

请对发票进行审核后，填写记账凭证（见图 2-4-6）。

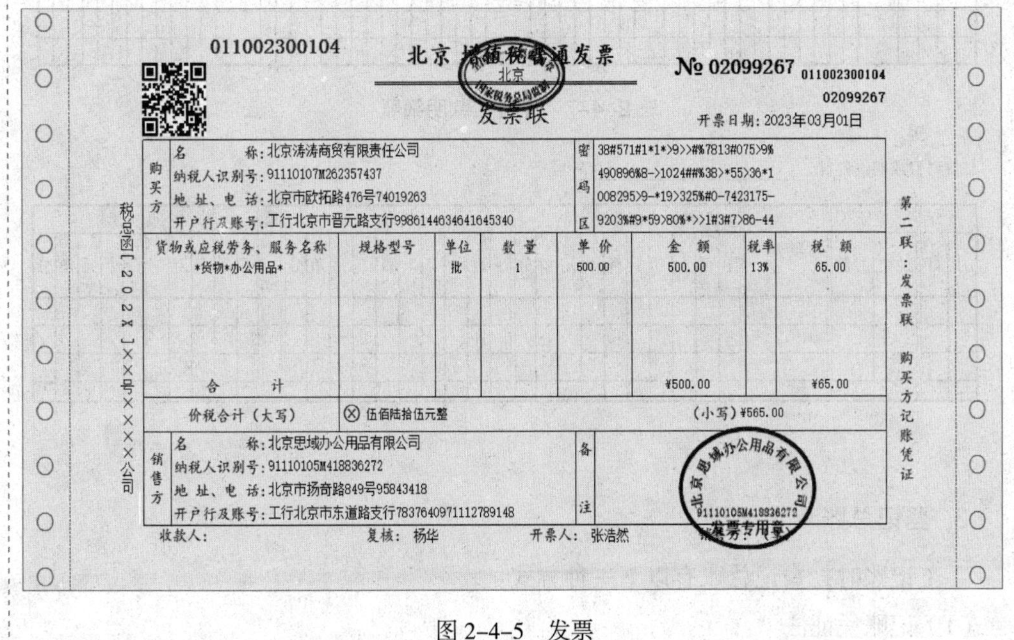
011002300104　　北京增值税普通发票　　№ 02099267　011002300104　02099267

发票联　　开票日期：2023年03月01日

购买方　名称：北京涛涛商贸有限责任公司
纳税人识别号：91110107M262357437
地址、电话：北京市欧拓路476号74019263
开户行及账号：工行北京市晋元路支行9986144634641645340

密码区：38#571#1*1*)9>>#%7813#075)9% 490896%8->1024##%38>*55>36*1 008295>9-*19>325%#0-7423175- 9203%#9*59>80%*>>1#3#7>86-44

货物或应税劳务、服务名称	规格型号	单位	数量	单价	金额	税率	税额
*货物*办公用品*		批	1	500.00	500.00	13%	65.00
合计					¥500.00		¥65.00

价税合计（大写）　⊗伍佰陆拾伍元整　　（小写）¥565.00

销售方　名称：北京思域办公用品有限公司
纳税人识别号：91110105M418836272
地址、电话：北京市扬奇路849号95843418
开户行及账号：工行北京市东道路支行7837640971112789148

备注

收款人：　　复核：杨华　　开票人：张浩然　　销售方：（章）

税总函[202X]××号×××公司

第二联：发票联　购买方记账凭证

图 2-4-5　发票

记账凭证

年　月　日　　　　记字第　号

摘要	总账科目	明细科目	记账√	借方金额										记账√	贷方金额									附单据张
				千	百	十	万	千	百	十	元	角	分		千	百	十	万	千	百	十	元	角	分	
合计																									

财务主管　　记账　　出纳　　审核　　制单

图 2-4-6　记账凭证

然后根据记账凭证登记相关明细账（见表 2-4-6 和表 2-4-7）。

表 2-4-6　管理费用明细账

总第______页　分第______页

______级科目编号及名称______

______级科目编号及名称______

年		凭证		摘要	借方									贷方									借或贷	余额									（　）方金额分析																										
																																	工资、社保和公积金									水电费									办公费								
月	日	种类	号数		百	十	万	千	百	十	元	角	分	百	十	万	千	百	十	元	角	分		百	十	万	千	百	十	元	角	分	百	十	万	千	百	十	元	角	分	百	十	万	千	百	十	元	角	分	百	十	万	千	百	十	元	角	分

表 2-4-7　应付账款明细账

第____页

二级科目或明细科目 ____________

年		凭证		摘要	借方										贷方										借或贷	余额									
月	日	种类	号数		千	百	十	万	千	百	十	元	角	分	千	百	十	万	千	百	十	元	角	分		千	百	十	万	千	百	十	元	角	分

3. 登记总账

手工记账时，登记总账有以下三种方式：

（1）记账凭证法

记账凭证法即根据记账凭证直接登记总账，这种登记方法和登记明细账的方法相同，根据记账凭证中的总分类科目，分类逐笔登记。但这种方法的工作量比较大，一般适用于规模小、业务少的企业。

（2）科目汇总表法

这种方法是依据记账凭证中的总分类科目，分类登记到丁字账户中，再对丁字账户的发生额进行汇总，将发生额抄到科目汇总表（见表 2-4-8）中，最后根据科目汇总表中的发生额分类登记到总账中。这种方法相对简单，工作量不大，适合业务比较多的企业。

表 2-4-8 科目汇总表

单位： 年 月 日

会计科目	借方										√	贷方										√
	千	百	十	万	千	百	十	元	角	分		千	百	十	万	千	百	十	元	角	分	

（3）汇总记账凭证法

这种方法要求必须使用专用记账凭证，分别编制汇总收款凭证、汇总付款凭证和汇总转账凭证，再根据汇总记账凭证登记总账。这种方法比较复杂，但能反映科目之间的对应关系，一般规模较大、业务较复杂的企业采用这种方法。

4. 账务处理程序

手工记账时，从会计凭证到形成会计报表的组织形式称为账务处理程序，这个程序的基本步骤如下：

（1）根据原始凭证或原始凭证汇总表填制记账凭证。

（2）根据记账凭证、原始凭证或原始凭证汇总表登记各种明细账。

（3）登记总账。

（4）月末，将库存现金日记账、银行存款日记账的余额，以及各种明细账的余额合计数，分别与总账中相关账户的余额核对，确保相符。

（5）月末，根据核对无误的总账和明细账的相关资料，编制会计报表。

与登记总账的三种方式对应，有三种账户处理程序。采用计算机记账后，这三种账务处理程序的实际应用价值不大，其中汇总记账凭证账务处理程序的最大优点是可以反映对应账户金额，在计算机中可以采用设置对应账户查询金额。但初学者为了熟悉会计凭证、会计账簿和会计报表的关系，应该尽量掌握比较简单的科目汇总表法。

课堂练习

根据所学知识，在横线上填写合适的内容。

1. 登记总账的三种方法是____________、____________、____________。

2. 采用科目汇总表法登记总账时，需要先根据记账凭证登记__________，再汇总发生额，登记到________________________，最后根据科目汇总表分类登记____________。

二、错账更正

在会计核算过程中，可能由于种种原因导致原始凭证错误、记账凭证错误和记账错误。会计凭证是划分责任的依据，账簿要和会计凭证一一对应。因此，如果会计凭证和账簿发生错误，不可随意涂抹和修改。根据规定，会计核算错误的更正方法如下：

1. 原始凭证错误

如果是文字错误可以更改，更改处应由原出具单位加盖公章。如果是金额错误，必须重新填制。

2. 记账凭证错误

（1）如果记账凭证还没有记账，可以将记账凭证撕掉重写。

（2）如果记账凭证已经记账，必须采用规定的方法更正。具体如下：

1）记账的会计科目没有错误，所记金额小于应计金额，采用补充登记法更正。

【例 2-4-3】涛涛公司会计用现金支付管理费用 100 元，错误地将相关凭证写成了 90 元，相关会计分录如下：

借：管理费用　　90

　　贷：库存现金　　90

更正的会计分录如下：

借：管理费用　　10

　　贷：库存现金　　10

2）如果是金额写小了，或者是科目记错了，应采用红字更正法更正。红字更正法分为两步。第一步，先做一张科目相同、金额为红字（表示负数）的凭证，将原来错误的记账金额抵销，相当于没有对该笔业务进行处理；第二步，做一张正确的凭证。这种方法不仅适用于科目错误也适用于金额错误。

【例 2-4-4】涛涛公司采购了 800 元的材料，会计由于疏忽误记成了库存商品，相关会计分录如下：

借：库存商品　　800

　　贷：库存现金　　800

采用红字更正法更正，第一步应冲销错误，相关会计分录（金额为红字）如下：

借：库存商品　　800

　　贷：库存现金　　800

第二步，编制正确的凭证，相关会计分录如下：

借：原材料　　800

　　贷：库存现金　　800

（3）如果记账凭证正确，记账错误，应采用划线更正法更正。

文字错误可以红色墨水笔单个划掉并更改。如果是金额错误，要将整行数字用红色墨水笔划掉。然后，将正确的文字或数据写在上半部分，并在旁边加盖修改人的名章。

第三章 日常业务核算

会计中的日常业务指企业日常发生并能够取得相应原始凭证的业务。企业类型不同，典型的日常业务也不相同。

工业企业的典型日常业务主要有融资业务、采购业务、生产业务、销售业务、费用业务。商业和服务企业相对简单，没有生产业务。这几类日常业务的会计核算与分析也有不同的侧重点和方法。

学习目标

【知识目标】

1. 掌握商业企业主要经济活动的会计核算方法。
2. 了解各类日常业务核算涉及的账户设置。

【能力目标】

1. 能够根据商业企业的原始凭证填写记账凭证或会计分录。
2. 能够根据审核无误的记账凭证分类登记明细账。

【职业素养与思政素养目标】

1. 培养诚实守信的意识。
2. 培养经营意识、价值意识。
3. 培养艰苦朴素的工作作风，养成节约的习惯。

第一节 融资业务核算

知识提要

开办一家企业需要投入资金，企业开展日常运营、扩大经营规模也需要投入资金。这些资金可能由单位或个人投入，也可能从银行借款获得，还可能通过发行股票或债券募集。

融资业务核算就是对这一过程进行会计记录和分析。通过融资业务核算，企业可以及时了解资金来源、规模和结构，从而为经营决策提供重要依据。

融资业务核算涉及的会计科目主要有“实收资本”“资本公积”“短期借款”“长期借款”等。

企业从外部筹集资金的方式主要分为股东投入和向债权人借入两种，通常股东投入称为权益性融资，从债权人借入称为债务性融资。

一、权益性融资

权益性融资通过扩大企业的所有权益，如吸引新的投资者、发行新股、追加投资等来实现，资金来源主要有自有资本、风险投资公司资本等。权益性融资通常具有以下特点。

第一，权益性融资筹措的资金具有永久性，无到期日，不需要归还。

第二，权益性融资没有固定的按期还本付息压力。股利的支付与否和支付多少根据企业的实际经营情况而定，因此企业的财务负担相对较小，融资风险较小。

第三，权益性融资是负债融资的基础，是企业最基本的资金来源。

1. 权益性融资业务流程及会计处理

权益性融资业务流程及会计处理见表 3–1–1。

表 3–1–1　权益性融资业务流程及会计处理

序号	事项	内容	相关部门（人员）
1	确定资金需求	根据未来的生产经营需要计算资金缺口，确定融资金额	业务部门提出需求，财务部门计算资金缺口

续表

序号	事项	内容	相关部门（人员）
2	确定投资者，签订投资协议	通过各种方式寻找投资者，与投资者签订投资协议，或者通过证券市场筹集资金	财务部门编制并提供投资者所需的会计报表等，确定投资金额和权益占比
3	验收货币或非货币资金	投资款项或实物划归企业后，会计根据进账单、验收单、评估单编制记账凭证	如收到支票，出纳应填写进账单，将支票存入银行
4	登记注册或变更	验资后，新成立企业需要到市场监管部门领取营业执照；进行增资的企业需要到市场监管部门和税务部门办理变更登记的相关手续	行政人员到市场监管部门和税务部门办理（有的地方也可以通过网络办理）

2. 相关账户设置与简介

与权益性融资业务相关的账户通常为“银行存款”“固定资产”“库存商品”“无形资产”等资产类账户和“实收资本”“资本公积”等所有者权益类账户。其中银行存款、固定资产、无形资产、实收资本、资本公积的明细账通常采用三栏式账页，库存商品的明细账应采用数量金额式账页。相关核算要求如下。

（1）实收资本或股本

实收资本（或股本）明细账采用三栏式账页，按投资人设置明细账户。

实收资本是指投资者作为资本投入企业的各种财产，是企业注册登记的法定资本总额的来源。实收资本的构成比例是企业据以向投资者进行利润（或股利）分配的主要依据。股份有限公司设置“股本”账户代替“实收资本”账户，通常每股面值为1元。企业收到股东投资时，通常需要编制如下会计分录：

借：银行存款（依据银行进账单等）

　　固定资产（依据固定资产验收单等，通常按协议价格入账，协议价格不公允的按公允价值入账）

　　无形资产（依据无形资产验收单等，通常按协议价格入账，协议价格不公允的按公允价值入账）

　　库存商品（依据入库单等，通常按协议价格入账，协议价格不公允的按公允价值入账）

　　原材料（依据入库单等，通常按协议价格入账，协议价格不公允的按公允价值入账）

　　应交税费——应交增值税——进项税额（取得增值税专用发票，可以抵扣销项税，负债减少记录到借方）

　贷：实收资本 （通常按投资者设置明细科目）

（2）资本公积

资本公积是指投资者或者他人投入企业，所有权归属于投资者，并且投入金额超过法定资本部分的资本。对于资本公积，通常需要编制如下会计分录：

借：银行存款等资产类科目

应交税费——应交增值税——进项税额

贷：实收资本（股份有限公司使用股本，按照投资协议享有分红权和表决权等权益的部分）

资本公积——资本溢价（所有者投入金额超出其享有权益的部分）

经过董事会等机构批准，资本公积可以转增为实收资本，相关会计分录如下：

借：资本公积

贷：实收资本

《中华人民共和国公司法》规定，依法设立的公司，由公司登记机关发给公司营业执照。公司营业执照签发日期为公司成立日期。

公司营业执照应当载明公司的名称、住所、注册资本、经营范围、法定代表人姓名等事项。

【例3–1–1】2023年2月1日，北京张涛管理咨询有限公司出资60万元人民币，刘涛投入公允价值为40万元的仓库，成立北京涛涛商贸有限责任公司。股东出资信息表见表3–1–2。

表3–1–2　股东出资信息表

股东（发起人）名称或姓名	证件名称	证件号码	认缴			持股比例（%）	实缴			备注
			出资额（元）	出资方式	出资时间		出资额（元）	出资方式	出资时间	
北京张涛管理咨询有限公司	营业执照	91110113××××××××××	600 000.00	货币	2023年2月1日	60	600 000.00	货币	2023年2月1日	A
刘涛	身份证	11042319900608××××	400 000.00	实物	2023年2月1日	40	400 000.00	实物	2023年2月1日	E

注：1. 根据公司章程的规定及实际出资情况填写，本页填写不下的可以附纸填写。
2. “备注”栏填写下述字母：A. 企业法人；B. 社会团体法人；C. 事业法人；D. 国务院、地方人民政府；E. 自然人；F. 外商投资企业；G. 其他。
3. 出资方式填写：货币、实物、知识产权、土地使用权、其他。

1. 当月，公司收到北京张涛管理咨询有限公司转账支票 60 万元（见图 3–1–1），出纳刘小美根据支票填写银行进账单，并将收账通知联（见图 3–1–2）交给会计刘晓。

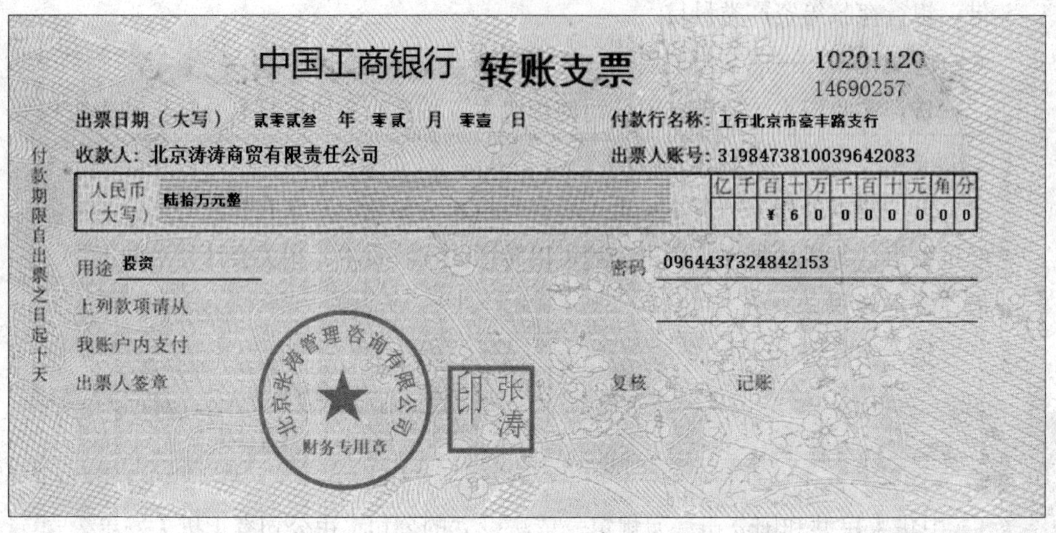

中国工商银行 转账支票　　10201120 14690257

付款期限自出票之日起十天

出票日期（大写） 贰零贰叁 年 零贰 月 零壹 日　　付款行名称：工行北京市豪丰路支行

收款人：北京涛涛商贸有限责任公司　　出票人账号：3198473810039642083

人民币（大写）	陆拾万元整	亿	千	百	十	万	千	百	十	元	角	分
				¥	6	0	0	0	0	0	0	0

用途 投资　　密码 0964437324842153

上列款项请从我账户内支付

出票人签章　　复核　　记账

北京张涛管理咨询有限公司 财务专用章　　张涛印

图 3–1–1　转账支票

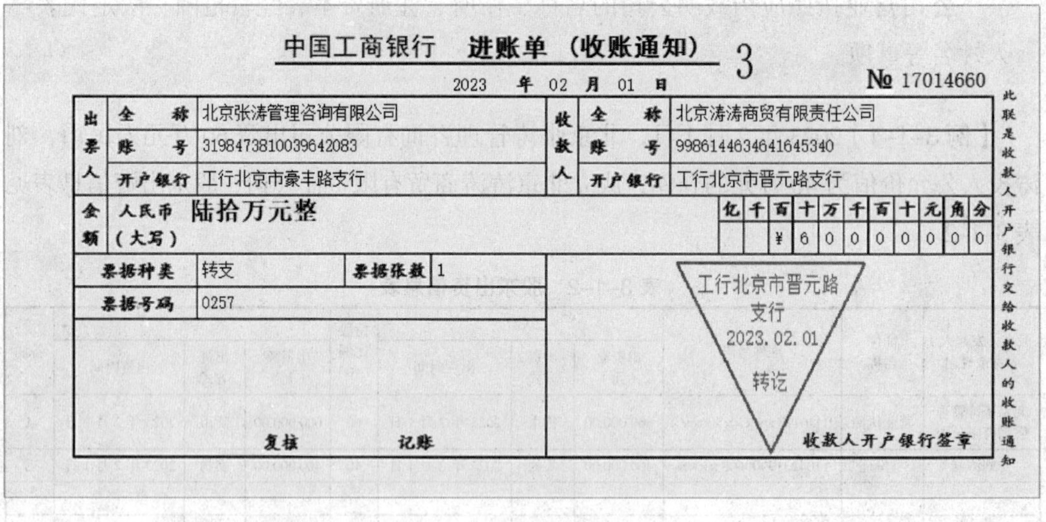

中国工商银行　进账单（收账通知）　3

2023 年 02 月 01 日　　№ 17014660

出票人			收款人		
全称	北京张涛管理咨询有限公司		全称	北京涛涛商贸有限责任公司	
账号	3198473810039642083		账号	9986144634641645340	
开户银行	工行北京市豪丰路支行		开户银行	工行北京市晋元路支行	

金额 人民币（大写）	陆拾万元整	亿	千	百	十	万	千	百	十	元	角	分
				¥	6	0	0	0	0	0	0	0

票据种类	转支	票据张数	1
票据号码	0257		

复核　　记账

工行北京市晋元路支行 2023.02.01 转讫

收款人开户银行签章

此联是收款人开户银行交给收款人的收账通知

图 3–1–2　银行进账单

银行进账单分为三联。第一联由银行交给企业，作为受理回单，表明银行已经受理该业务。第二联银行留存做账。第三联是收账通知，款项到达企业账户后，银行将其交给企业。

2. 资产管理员验收仓库后，填写固定资产验收单（见表 3–1–3）。

表 3–1–3　固定资产验收单

编号：0001　　　　2023 年 02 月 01 日　　　　金额单位：元

名称	规格型号		来源	数量	购（造）价	使用年限	预计净残值
仓库	80 平方米		股东投入	1	400 000.00	0	20 000.00
安装费	月折旧		建造单位		交工日期	附件	
0.00	1 583.33		北京牛建集团				
验收部门	采购部	验收人员	安欣	管理部门	综合部	管理人员	刘涛
备注							

审核：张涛　　　　制单：刘晓

预计净残值为固定资产到期报废后处理回收的金额，通常为原值的 5%。本例中，预计净残值为 20 000 元（400 000 × 5%），月折旧为每月固定资产价值损耗，建筑物预计使用年限为 20 年。

平均每月折旧 =（400 000–20 000）÷（20 × 12）≈1 583.33（元）

3. 会计审核相关原始凭证后，编制记账凭证（见图 3–1–3）。

记账凭证

2023 年 02 月 01 日　　　　记 字第 001 号

摘要	总账科目	明细科目	记账√	借方金额										记账√	贷方金额										附单据3张
				千	百	十	万	千	百	十	元	角	分		千	百	十	万	千	百	十	元	角	分	
收到股东投资	银行存款					6	0	0	0	0	0	0	0												
	固定资产	仓库				4	0	0	0	0	0	0	0												
	实收资本	张涛管理咨询公司															6	0	0	0	0	0	0	0	
		刘涛															4	0	0	0	0	0	0	0	
合计				¥	1	0	0	0	0	0	0	0	0		¥	1	0	0	0	0	0	0	0	0	

财务主管 张涛　　记账 刘晓　　出纳 刘小美　　审核 张涛　　制单 刘晓

图 3–1–3　收到股东投资的记账凭证

不涉及“银行存款”“库存现金”科目的业务不需要出纳签字。由于本笔业务涉及银行存款，所以需要出纳签字。制单人为会计，审核人一般为财务主管，为了防止错误，制单和审核不能为同一人。

营业执照正本需要悬挂到经营场所，副本用于办理相关业务，不属于原始凭证。出资信息表证明了资金来源，可以作为原始凭证。支票的正联交给银行，不能作为本企业的原始凭证。银行进账单和固定资产验收单证明资金和资产已收到，可以作为原始凭证。因此，上述记账凭证所附 3 张单据分别是股东出资信息表、银行进账单和固定资产验收单。

4. 登记相关账户

在计算机记账方式下，录入记账凭证后系统可自动分类登记账簿。在手工记账方式下，需要先根据记账凭证中的科目在账簿中找到相应账户，如果没有需要新建明细账户，再逐一将日期、凭证号、摘要、借方金额或贷方金额进行登记。具体如下：

（1）出纳根据记账凭证中的“银行存款”科目登记银行存款日记账，见表 3–1–4。其中，结算凭证栏根据所附的银行进账单登记。需要注意的是，出纳需要登记库存现金日记账和银行存款日记账，也可以登记原材料、库存商品等账，但不能登记收入、费用、债权、债务这些和货币资金直接对应的账簿。

表 3–1–4　银行存款日记账

开户行：工行北京市晋元路支行

账号：9986144634641645340

2023 年		记账凭证		对方科目	摘要	结算凭证		借方										贷方										借或贷	余额									
月	日	字	号			种类	号码	千	百	十	万	千	百	十	元	角	分	千	百	十	万	千	百	十	元	角	分		千	百	十	万	千	百	十	元	角	分
02	01	记	001		收到股东投资款	转支	0257			6	0	0	0	0	0	0	0											借			6	0	0	0	0	0	0	0

（2）会计根据记账凭证中“固定资产——仓库”科目登记相应的明细账。在手工记账时，如果事先未设置“固定资产——仓库”明细账，需要先进行设置再登记，见表 3–1–5。

表 3–1–5　固定资产明细账

第 1 页

二级科目或明细科目　仓库

2023 年		凭证		摘要	借方										贷方										借或贷	余额									
月	日	种类	号数		千	百	十	万	千	百	十	元	角	分	千	百	十	万	千	百	十	元	角	分		千	百	十	万	千	百	十	元	角	分
02	01	记	001	收到股东投资			4	0	0	0	0	0	0	0											借			4	0	0	0	0	0	0	0

（3）会计根据记账凭证中“实收资本——张涛管理咨询公司”科目登记相关明细账，见表 3–1–6。

表 3-1-6　实收资本明细账 1

第____页

二级科目或明细科目　张涛管理咨询公司

2023年		凭证		摘要	借方										贷方										借或贷	余额									
月	日	种类	号数		千	百	十	万	千	百	十	元	角	分	千	百	十	万	千	百	十	元	角	分		千	百	十	万	千	百	十	元	角	分
02	01	记	001	收到股东投资													6	0	0	0	0	0	0	0	贷			6	0	0	0	0	0	0	0

（4）会计根据记账凭证中“实收资本——刘涛”科目登记相关明细账，见表 3-1-7。

表 3-1-7　实收资本明细账 2

第____页

二级科目或明细科目　刘涛

2023年		凭证		摘要	借方										贷方										借或贷	余额									
月	日	种类	号数		千	百	十	万	千	百	十	元	角	分	千	百	十	万	千	百	十	元	角	分		千	百	十	万	千	百	十	元	角	分
02	01	记	001	收到股东投资													4	0	0	0	0	0	0	0	贷			4	0	0	0	0	0	0	0

（5）记账结束后，还应在记账凭证的记账标记栏打“√”。

课堂练习

一、根据所学知识，在横线上填写合适的内容。

1. 出纳收到支票后应填写____________单。

2. 融资方式主要分为____________、____________两类。

3. 收到股东投资时，应登记的贷方科目是____________。

二、将正确的选项填在括号内（单选）。

1. 下列选项中不属于权益性融资业务原始凭证的是（　　）。

A. 银行进账单　　B. 验收单

C. 入库单　　D. 营业执照

2. 证明资金已经到达企业账户的银行进账单联次是（　　）。

A. 回单联

B. 贷方通知联

C. 收账通知联

D. 以上都不是

3. 银行存款日记账中的结算方式栏应依据（　　）登记。

A. 原始凭证　　B. 记账凭证

C. 汇总原始凭证　　D. 科目汇总表

4. 不能由出纳登记的账簿是（　　）。

A. 库存现金日记账　　B. 银行存款日记账

C. 原材料账　　D. 应收账款账

二、债务性融资

债务性融资是指通过银行或非银行金融机构借款或发行债券等方式筹集资金。债务性融资需要支付本金和利息。债务性融资通常具有以下特点：

第一，企业负有到期偿还本金和利息的义务，有一定的资金压力。

第二，企业只需要支付固定的利息，债权人不参与分红和企业经营决策。

1. 银行借款流程

银行借款是最常见的一种债务性融资方式，其流程大体如下。

（1）企业根据资金需求，向银行提交借款申请书及相关资料。

（2）银行受理企业的借款申请，进行风险评估后，审批借款申请。

（3）银行批准借款申请后，与企业签订借款合同，并发放借款。

（4）会计根据借款合同、借据等编制记账凭证。

（5）会计根据借款合同按期计提和支付利息，并在到期后还款。

2. 相关账户设置

债务性融资业务，通常通过“银行存款”“短期借款”“长期借款”等账户核算，这些账户一般采用三栏式账页。

（1）短期借款

短期借款是指企业从银行等金融机构取得的期限在一年以内（包括一年）的借款。

1）取得借款时需要编写如下会计分录：

借：银行存款

　　贷：短期借款——××银行（依据借款借据）

2）如果没有支付当期的利息，根据权责发生制原则，需要计提利息，相关会计分录如下：

借：财务费用

　　贷：应付利息

3）归还短期借款时，需要编写如下会计分录：

借：短期借款

　　应付利息（借款期间应付未付的利息）

　　财务费用（本期的借款利息）

　　贷：银行存款

（2）长期借款

长期借款是指企业从银行等金融机构取得的期限在一年以上（不含一年）的借款。

1）取得借款时需要编写如下会计分录：

借：银行存款

　　贷：长期借款（依据借款借据）

2）如果当期利息没有支付，根据权责发生制原则，需要编写如下会计分录：

借：管理费用（筹建期间不满足资本化条件的利息支出）

　　在建工程（建设固定资产期间的相关借款利息）

　　研发支出（进行无形资产研发期间的相关借款利息）

　　财务费用（除以上情况，正常运营期间的借款利息）

　　贷：应付利息

3）归还长期借款时，编写的会计分录与短期借款相似。

（3）应付利息

根据借款合同或借据规定，企业应负担的利息即应付利息。如果在当期没有支付利息，按照权责发生制原则，企业需要计提财务费用，同时形成对银行的负债。如果金额较小，可以不用计提，直接计入还款当期财务费用。相关会计分录如下：

借：财务费用（金额为借款本金乘以利率，默认为年利率，月利率为年利率除以12）

　　贷：应付利息

（4）财务费用

财务费用包括核算企业借款所发生的手续费、利息，以及不同币种兑换时产生的汇兑损益等。相关会计分录如下：

借：财务费用（利息、借款手续费、现金折扣、汇兑损益）

　　贷：应付利息（金额极小的时候可以不用计提）

　　　　银行存款（当期利息当期支付或者借款时产生的手续费等）

【例 3–1–2】2023 年 2 月 2 日，涛涛公司向工商银行借款 20 万元，期限为 6 个月，利率为 6%，到期还本付息。借款借据如图 3–1–4 所示。

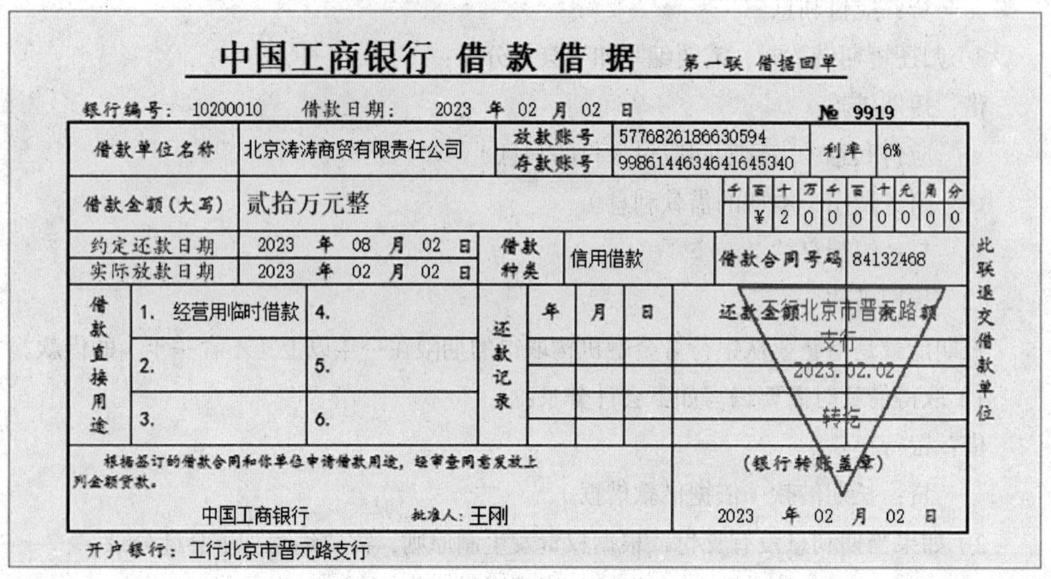

中国工商银行 借款借据 第一联 借据回单

银行编号：10200010　借款日期：2023 年 02 月 02 日　№ 9919

借款单位名称	北京涛涛商贸有限责任公司	放款账号	5776826186630594	利率	6%
		存款账号	99861446346416453540		

借款金额（大写）	贰拾万元整	千	百	十	万	千	百	十	元	角	分
			¥	2	0	0	0	0	0	0	0

约定还款日期	2023 年 08 月 02 日	借款种类	信用借款	借款合同号码	84132468
实际放款日期	2023 年 02 月 02 日				

借款直接用途			还款记录	年	月	日	还款金额
	1. 经营用临时借款	4.					
	2.	5.					
	3.	6.					

根据签订的借款合同和你单位申请借款用途，经审查同意发放上列金额贷款。

中国工商银行　批准人：王刚　　（银行转账盖章）2023 年 02 月 02 日

工行北京市晋元路支行 2023.02.02 转讫

此联退交借款单位

开户银行：工行北京市晋元路支行

图 3–1–4　借款借据

1. 会计人员审核原始凭证后，填写记账凭证，如图 3–1–5 所示。

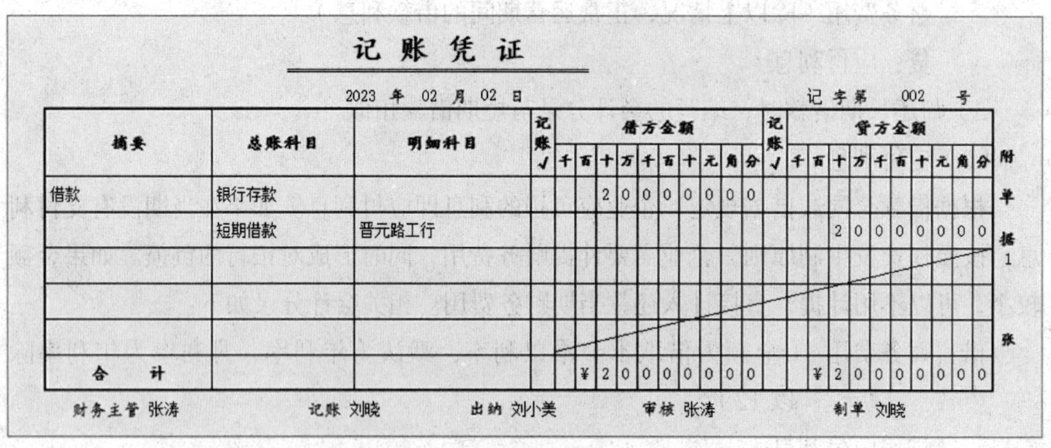

记 账 凭 证

2023 年 02 月 02 日　记 字第 002 号

摘要	总账科目	明细科目	记账√	借方金额 千	百	十	万	千	百	十	元	角	分	记账√	贷方金额 千	百	十	万	千	百	十	元	角	分
借款	银行存款					2	0	0	0	0	0	0	0											
	短期借款	晋元路工行															2	0	0	0	0	0	0	0
合　计					¥	2	0	0	0	0	0	0	0			¥	2	0	0	0	0	0	0	0

附单据 1 张

财务主管 张涛　记账 刘晓　出纳 刘小美　审核 张涛　制单 刘晓

图 3–1–5　借款的记账凭证

2. 登记相关账簿

（1）出纳登记银行存款日记账（见表 3–1–8）。

表 3-1-8　银行存款日记账

开户行：工行北京市晋元路支行
账号：9986144634641645340

2023 年		记账凭证		对方科目	摘要	结算凭证		借方										贷方										借或贷	余额									
月	日	字	号			种类	号码	千	百	十	万	千	百	十	元	角	分	千	百	十	万	千	百	十	元	角	分		千	百	十	万	千	百	十	元	角	分
02	01	记	001		收到股东投资款	转支	0257			6	0	0	0	0	0	0	0											借			6	0	0	0	0	0	0	0
02	02	记	002		借款	借据	9919			2	0	0	0	0	0	0	0											借			8	0	0	0	0	0	0	0

（2）会计登记短期借款明细账（见表 3-1-9）。

表 3-1-9　短期借款明细账

第____页

二级科目或明细科目　晋元路工行

2023 年		凭证		摘要	借方										贷方										借或贷	余额									
月	日	种类	号数		千	百	十	万	千	百	十	元	角	分	千	百	十	万	千	百	十	元	角	分		千	百	十	万	千	百	十	元	角	分
02	02	记	002	借款													2	0	0	0	0	0	0	0	贷			2	0	0	0	0	0	0	0

思政小课堂

诚信融资

近年来，中小微企业在发展中常面临“融资难、融资贵”的问题。为了破解这一难题，国家税务总局某市税务局与多家金融部门合作，通过“税银互动”合作平台，为中小微企业提供资金支持。

当地某公司成为这一合作平台的受益者之一。由于原材料价格上涨，该公司资金出现困难。在税务部门的帮助下，公司成功通过“税 e 贷”申请到 500 万元的纳税信用贷款。这笔贷款不需要任何抵押担保，且申请流程简便快捷，有效解决了公司的资金难题。公司财务经理感慨地说：“一份良好的纳税记录值 500 万，诚信纳税给我们带来了‘甜头’！”

诚信是企业成功的基石，是企业与客户建立长期合作关系和赢得客户信任的基础。在现代商业社会中，企业的信用状况对其发展至关重要。无论企业还是个人，都应当诚实守信，在职业活动中诚实劳动、合法经营、讲求信誉。

作为会计人员，更要以诚实的态度、实干的精神、勤勉的作风踏实工作，要信守约定、履行合同，不弄虚作假、欺诈蒙骗，自觉维护个人信誉和集体荣誉。

第二节 增值税简易核算

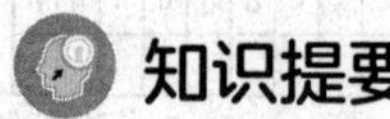

知识提要

企业几乎所有重要的经营业务都涉及增值税。增值税核算是企业采购、销售、日常费用核算和纳税申报的重要内容，正确掌握增值税的核算方法是日常业务核算的基础。

增值税纳税人分为小规模纳税人和一般纳税人，按不同的方法计税。

一、增值税简介

增值税是我国最主要的税种之一，也是最大的税种，由国家税务部门负责征收。增值税是与企业和个人关系最密切的一种税。

增值税是对销售货物、服务、无形资产、不动产以及进口货物的单位和个人就其实现的增值额征收的一种流转税。任何企业和个人只要发生销售或采购的交易行为就与增值税相关。因此，需要缴纳增值税的企业和个人很多。为了方便管理，税务部门规定年销售额低于 500 万元的企业为增值税小规模纳税人，年销售额超过 500 万元的企业为增值税一般纳税人。

涉及增值税的计算公式主要有：

$$税款 = 不含税价 \times 税率$$

$$\begin{aligned}含税价 &= 不含税价 + 税款\\ &= 不含税价 + 不含税价 \times 税率\\ &= 不含税价 \times （1+ 税率）\end{aligned}$$

$$不含税价 = 含税价 \div （1+ 税率）$$

$$增值税 = 含税价 \div （1+ 税率）\times 税率$$

二、增值税小规模纳税人核算

增值税小规模纳税人采用简易计算方式核算税金，税率通常为 3%。具体来说，是将企业销售货物或服务等收取的款项作为含税收入，核算时需要将含税收入分为企业的收入和税款（国家的收入）。

【例 3–2–1】北京小涛涛商贸公司为增值税小规模纳税人。2023 年 2 月，该公司向北京好邻居便利店销售肉松面包 200 个，每个肉松面包的含税价为 7.21 元，总货款为 1 442 元，货款暂时未收。

不含税收入 =1 442 ÷ 1.03=1 400（元）

肉松面包不含税单价 =1 400 ÷ 200=7（元）

据此开具发票，如图 3–2–1 所示。

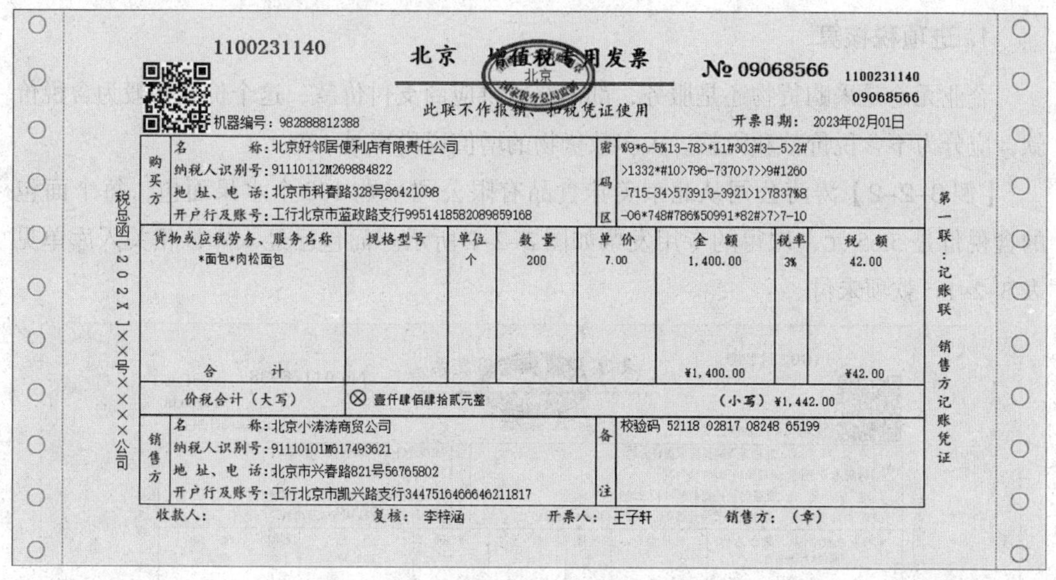

1100231140

北京 增值税专用发票

№ 09068566 1100231140 09068566

此联不作报销、扣税凭证使用

机器编号：982888812388 开票日期：2023年02月01日

购买方	名　　称：北京好邻居便利店有限责任公司 纳税人识别号：91110112M269884822 地 址、电 话：北京市科春路328号86421098 开户行及账号：工行北京市蓝政路支行9951418582089859168	密码区	%9*6-5%13-78>*11#303#3—5>2# >1332*#10>796-7370>7>>9#1260 -715-34>573913-3921>1>7837%8 -06*748#786%50991*82#>7>7-10

货物或应税劳务、服务名称	规格型号	单位	数量	单价	金额	税率	税额
*面包*肉松面包		个	200	7.00	1,400.00	3%	42.00
合　　计					¥1,400.00		¥42.00
价税合计（大写）	⊗壹仟肆佰肆拾贰元整				（小写）¥1,442.00		

销售方	名　　称：北京小涛涛商贸公司 纳税人识别号：91110101M617493621 地 址、电 话：北京市兴春路821号56765802 开户行及账号：工行北京市凯兴路支行3447516466646211817	备注	校验码 52118 02817 08248 65199

收款人： 复核：李梓涵 开票人：王子轩 销售方：（章）

税总函［202X］××号×××公司

第一联：记账联 销售方记账凭证

图 3–2–1　发票

相关会计分录如下：

借：应收账款——北京好邻居　　1 442

　　贷：主营业务收入——肉松面包收入　　1 400

　　　　应交税费——应交增值税　　42

由上例可以看出，对于小规模纳税人来说，增值税是从企业的含税收入中划分出去的，计入收入的 1 400 元不包含税款，发票中的单价 7 元也没有包含增值税。因此，增值税又称价外税。

课堂练习

北京健康食品公司为增值税小规模纳税人。2024 年 5 月 5 日，该公司销售面包 50 个，每个含税价为 11.3 元，向客户开具增值税普通发票，并收到现金 565 元。

1. 计算这笔业务中的含税收入和不含税收入。

2. 假设你是该公司的会计，编写相应的会计分录。

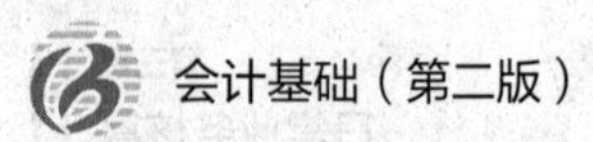

三、增值税一般纳税人核算

增值税是对价值增加额征收的一种税。为了便于计算，将销售额减去采购额作为企业的价值增加额。具体来说，就是企业销售时按取得款项的一定比例分出销项税，采购时按一定比例分出进项税，月末时用销项税减去进项税作为缴纳的增值税税款。

1. 进项税核算

企业无论是采购货物还是服务，都需要给供应商支付价款，这个价款一般为含税价款，应分为不含税价款和税款。大多数货物的增值税税率是13%。

【例3-2-2】涛涛公司从北京美味食品有限公司采购100个水果面包，每个面包的含税价是5.65元，取得的专用发票如图3-2-2所示。面包已经入库，相关入库单见表3-2-1，款项未付。

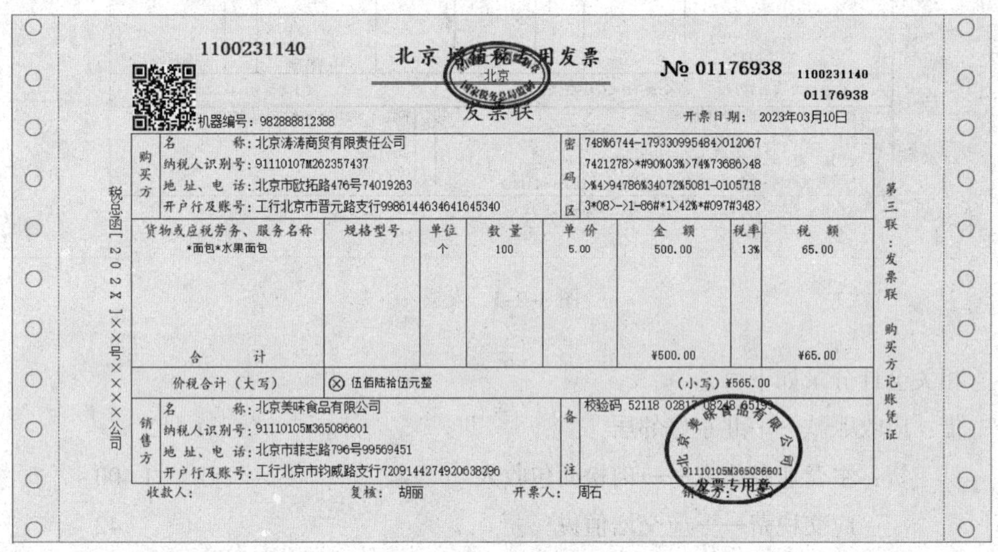

1100231140

北京增值税专用发票

北京

发票联

№ 01176938　1100231140　01176938

机器编号：982888812388

开票日期：2023年03月10日

购买方：
名　　称：北京涛涛商贸有限责任公司
纳税人识别号：91110107M262357437
地 址、电 话：北京市欧拓路476号74019263
开户行及账号：工行北京市晋元路支行9986144634641645340

密码区：
748%6744-179330995484>012067
7421278>*#90%03%>74%73686>48
>%4>94786%34072%5081-0105718
3*08>->1-86#*1>42%*#097#348>

货物或应税劳务、服务名称	规格型号	单位	数量	单价	金额	税率	税额
*面包*水果面包		个	100	5.00	500.00	13%	65.00
合　　计					¥500.00		¥65.00

价税合计（大写）　⊗伍佰陆拾伍元整　（小写）¥565.00

销售方：
名　　称：北京美味食品有限公司
纳税人识别号：91110105M365086601
地 址、电 话：北京市菲志路796号99569451
开户行及账号：工行北京市钧威路支行7209144274920638296

备注：校验码 52118 0281[illegible] 08248 6519[illegible]

北京美味食品有限公司　91110105M365086601　发票专用章

收款人：　　复核：胡丽　　开票人：周石　　销售方：（章）

第三联：发票联　购买方记账凭证

税总函[202X]××号×××公司

图3-2-2　发票

表3-2-1　入库单

No.90937421

供货单位：北京美味食品有限公司　　2023年03月10日

编　号	品　名	规　格	单　位	数　量	单　价	金　额	备　注
	水果面包		个	100	5.00	500.00	
合计						¥500.00	

主管：刘涛　　记账：刘晓　　保管：安欣　　经手人：安欣　　制单：安欣

从发票中看出，涛涛公司应支付的货款为 565 元，每个面包的单位成本为 5.65 元（565 ÷ 100），而入库单中每个面包的单位成本为 5 元。这是因为发票中的 65 元为进项税［565 ÷（1+13%）× 13%］，可以从销项税中抵扣。也就是说，进项税越多，以后交的增值税就越少。因此，进项税不能计入采购成本。本例中会计核算上的采购成本为 500 元，单个面包成本为 5 元。

增值税通常在次月月初缴纳。进项税越多，表示对税务部门的负债越少，负债减少应记录到借方。相关会计分录如下：

借：库存商品——水果面包	500	
应交税费——应交增值税——进项税额	65	
贷：应付账款——美味食品公司		565

2. 销项税核算

企业销售货物和服务的时候收取的款项一般为含税收入，核算时应将其分为不含税收入和税款。一般纳税人销售货物或提供服务时，无论开具的是专用发票还是普通发票，都需要计提销项税。

【例 3-2-3】涛涛公司向北京店小二超市销售 100 个水果面包，每个面包的含税价是 9.04 元，货款未收。涛涛公司的增值税税率是 13%。

不含税收入 =100 × 9.04 ÷（1+13%）=800（元）

每个面包的不含税单价 =800 ÷ 100=8（元）

相关增值税专用发票如图 3-2-3 所示。由于发票的记账联要交给本单位会计记账，所以该联不需要盖发票专用章。

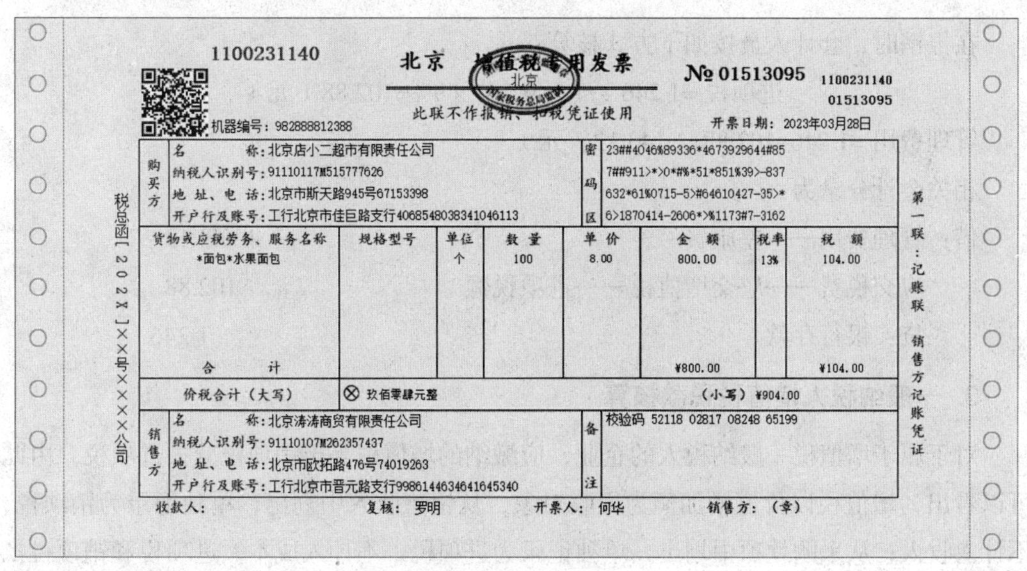

1100231140

北京 增值税专用发票

№ 01513095　1100231140　01513095

此联不作报销、扣税凭证使用

机器编号：982888812388　　开票日期：2023年03月28日

购买方	名　　称：北京店小二超市有限责任公司 纳税人识别号：91110117M515777626 地 址、电 话：北京市斯天路945号67153398 开户行及账号：工行北京市佳巨路支行4068548038341046113	密码区	23##4046%89336*4673929644#85 7##911>*>0*#%*51*851%39>-837 632*61%0715-5>#64610427-35>* 6>1870414-2606*>%1173#7-3162

货物或应税劳务、服务名称	规格型号	单位	数量	单价	金额	税率	税额
*面包*水果面包		个	100	8.00	800.00	13%	104.00
合　　计					¥800.00		¥104.00
价税合计（大写）	⊗ 玖佰零肆元整				（小写）¥904.00		

销售方	名　　称：北京涛涛商贸有限责任公司 纳税人识别号：91110107M262357437 地 址、电 话：北京市欧拓路476号74019263 开户行及账号：工行北京市晋元路支行9986144634641645340	备注	校验码 52118 02817 08248 65199

收款人：　　复核：罗明　　开票人：何华　　销售方：（章）

税总函［202X］××号×××公司

第一联：记账联　销售方记账凭证

图 3-2-3 发票

由于没有收款凭证，所以该销售业务尚未收款，借方应将其确认为应收账款，相关会计分录为：

借：应收账款——店小二超市　　904

　贷：主营业务收入——水果面包收入　　800

　　　应交税费——应交增值税——销项税额　　104

火车票、飞机票、汽车票虽然不是增值税专用发票，但按照规定可以抵扣增值税销项税。火车票、飞机票的抵扣税率为 9%，汽车票的抵扣税率为 3%。计算进项税时要将含税金额转换成不含税的金额。

【例 3-2-4】涛涛公司综合部刘涛因公去成都出差，其中一张火车票如图 3-2-4 所示。

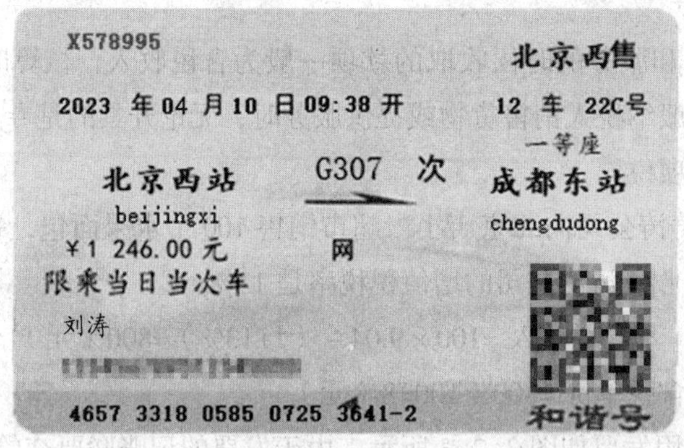

图 3-2-4　火车票

在报销时，会计人员按如下方式核算：

进项税 =1 246÷（1+9%）×9%=102.88（元）

管理费用 =1 246−102.88=1 143.12（元）

相关会计分录为：

借：管理费用——差旅费　　1 143.12

　　应交税费——应交增值税——进项税额　　102.88

　　贷：银行存款　　1 246

3. 一般纳税人增值税税款核算

对于属于增值税一般纳税人的企业，应缴纳的增值税等于销项税减去进项税。由此可以看出，增值税以价值增加额为征收对象，从销售收入中划出，单独记录为销项税，不计入收入；从采购款项中划出，单独记录为进项税，不计入成本。进项税和销项税抵扣后交给税务部门，形成一个单独的核算循环。因此，增值税的变动不会对利润产生直接的影响。

【例 3-2-5】涛涛公司 2023 年 3 月仅发生例 3-2-2 和例 3-2-3 中的两笔业务，则当月应交的增值税见表 3-2-2。

表 3-2-2　应交增值税计算表

2023 年 03 月 31 日　　单位：元

项目	进项税额	销项税额	进项税额转出	本月应交增值税
金额	65.00	104.00		39.00

审核：张涛　　制单：刘晓

第三节　采购业务核算

知识提要

企业为获取生产经营所需的物资，需要通过购买、交换等方式从供应商处获取商品或服务。例如，火电厂要采购燃煤，汽车厂要采购零部件，糕点店要采购面粉、鸡蛋，等等。

采购业务核算就是对这类交易过程进行会计记录和分析的活动。它主要关注企业采购活动中的资金流出、物资采购成本、库存变动等。通过采购业务核算，企业可以优化库存管理，控制采购成本，保障生产供应，提高经济效益。

采购业务核算主要涉及“在途物资”“原材料”“应交税费——应交增值税——进项税额”“应付账款”等会计科目。

一、采购业务简介

采购业务是企业在一定的条件下从供应市场获取商品或服务作为自己的资源，为满足自身需要或保证生产、经营活动正常开展而进行的经营活动。采购业务通常包括原材料采购、库存商品采购、固定资产采购等。

需要注意的是，如果购买的商品（或服务）能够给企业带来未来的收益，应确认为资产。例如，企业采购面包是为了销售，就确认为资产中的库存商品。如果购买的商品（或服务）不能给企业带来未来的收益（如企业购买面包用来招待客户），就应确认为费用。

二、采购业务流程及账务处理

1. 企业相关部门根据需要提交采购请购单，经审批后交给采购部。

2. 采购部根据审批后的请购单汇总分类，对供应商进行考察，选定最佳供应商，签订采购合同。

3. 供应商根据订单送货，仓库开具入库单给财务部门。可先登记明细账中的数量，如果月末发票未到应进行暂估，编写会计分录，具体如下：

借：原材料或库存商品（依据入库单，金额根据合同或经验估计）

　　贷：应付账款——暂估应付款

会计核算中以发票作为确定性的付款依据，未取得发票的业务形成的负债属于估计性负债。另外，由于没有取得增值税专用发票，不可以抵扣增值税，也就不能借记“应交税费——应交增值税——进项税额”科目。可在下月初或者收到发票时，采用红字更正法编写会计分录，即先冲红暂估的会计分录，再编写货到票也到的会计分录。

如果发票先到，货物在途，应该根据发票编写如下会计分录：

借：在途物资（依据发票中的价款）

　　应交税费——应交增值税——进项税额（依据发票中的税款）

　　贷：银行存款等

4. 供应商依据送货单开具发票并交给采购方的采购部门或者财务部门，财务部门或者采购部门把发票和入库单进行核对，核对无误后编写如下会计分录：

借：原材料或库存商品（依据入库单）

　　应交税费——应交增值税——进项税额（依据发票）

贷：应付账款（根据采购合同赊购货物，未付货款）

　　应付票据（采用商业汇票方式结算，当期未支付货款）

　　预付货款（货到前预付过货款）

　　银行存款

　　其他货币资金（采用银行汇票、银行本票、信用证、信用卡等结算）

5. 财务部门审核采购部门填写的付款申请书（附有发票、入库单）等凭证后，出纳根据审批后的付款单据和合同规定付款条件支付款项。相关会计分录如下：

借：应付账款

　　贷：银行存款

三、相关账户设置

采购业务一般通过“原材料”“库存商品”“固定资产”“应交税费”“银行存款”“应付账款”等账户核算。其中原材料、库存商品明细账一般采用数量金额式账页，银行存款、应付账款、固定资产二级明细账采用三栏式账页，“应交税费——应交增值税”明细账采用多栏式账页。

1. 应交税费——应交增值税

企业销售货物、服务以及视同销售（如投资、分红、捐赠等）都需要缴纳增值税。顾名思义，增值税以货物的增值额为征收对象，可以将货物的增值额视为销售额减去采购额。为了便于税务部门监管，企业在销售时需要给客户开具税务部门监制的发票，采购时需要从销售方取得合法开具的发票。

【例 3-3-1】2024 年 2 月 1 日，涛涛公司从羊羊面料公司赊购布匹，取得发票，发票中的价款是 10 万元，税款是 13 000 元。相应的会计分录如下：

借：原材料——面料　　100 000

　　应交税费——应交增值税——进项税额　　13 000

　　贷：应付账款——羊羊面料　　113 000

进项税会导致负债减少，负债减少应记录到借方，所以进项税应记录到借方。

由于增值税的进项税在期末可以抵扣销项税，企业可以少交税，所以不能计入采购成本。

【例 3-3-2】2024 年 2 月 20 日，涛涛公司销售服装 1 000 套，每套不含税价格为 200 元，发票中的价款为 20 万元，税款为 26 000 元。公司同时收到客户交来的支票 226 000 元。相应的会计分录如下：

借：银行存款　　226 000

　　贷：主营业务收入——服装收入　　200 000

　　　　应交税费——应交增值税——销项税额　　26 000

销项税会导致负债增加，负债增加应记录到贷方，所以销项税应记录到贷方。

增值税属于价外税，为了方便征管，税务部门要求企业从取得的款项中将其分出来作为税款单独记录，不能计入收入中。

【例 3-3-3】2024 年 2 月 20 日，涛涛公司登记“应交税费——应交增值税”明细账，见表 3-3-1。

账页中，余额为销项税减去进项税，表示欠税务部门增值税税款 13 000 元。

表 3–3–1 “应交税费——应交增值税”明细账

2023 年		凭证号数	摘要	借方							贷方					余额
月	日			合计	进项税额	销项税额抵减	已交税金	减免税款	出口抵减内销产品应纳税额	转出未交增值税	合计	销项税额	出口退税	进项税额转出	转出多交增值税	
02	01	记 005	采购布匹	13 000	13 000											–13 000
02	20	记 012	销售服装								26 000	26 000				13 000

“应交税费——应交增值税”明细账采用特殊多栏式账页，该账户下有很多三级明细账户，如“销项税额”“进项税额”“已交税金”（缴纳当月税金）“进项税额转出”（上期已经抵扣，本期用于非应税项目，不许抵扣）等。

根据企业会计准则要求，期末需要将“应交税费——应交增值税”账户的余额结转到“应交税费——未交增值税”账户中，以表示企业和税务部门的债权和债务关系。因此，期末需要编写如下会计分录：

借：应交税费——应交增值税——转出未交增值税　　13 000（转出方，与原账户方向相反）

　　贷：应交税费——未交增值税　　13 000（转入方，金额取自转出方）

如果当期的进项税大于销项税，则需要编写相反的会计分录。

2. 固定资产

固定资产是指企业为生产产品、提供服务、出租或者经营管理而持有的、使用时间较长、价值较大的实物资产，通常分为房屋建筑、生产设备、交通工具等大类。企业建造或购买时需要安装的设备等在没有达到可使用状态之前，应记录到“在建工程”账户中；达到可使用状态之后，由“在建工程”账户转入“固定资产”账户。

【例 3–3–4】2024 年 5 月，涛涛公司购入一台全自动缝纫机，价款为 10 万元，增值税为 1.3 万元，另支付安装费 1 万元。

1. 购买时的会计分录如下：

借：在建工程——全自动缝纫机　　100 000

　　应交税费——应交增值税——进项税额　　13 000

　　贷：银行存款　　113 000

2. 支付安装费的会计分录如下：

借：在建工程——全自动缝纫机　　10 000

　　贷：银行存款　　10 000

3. 达到可使用状态，结转至“固定资产”账户，其金额为 11 万元，相关的会计分录如下：

借：固定资产——全自动缝纫机　　　　　　　　　　110 000

　　贷：在建工程——全自动缝纫机　　　　　　　　　　110 000

由于技术进步、设备磨损等原因，固定资产达到可使用状态后，无论是否使用，其价值都会减少。但由于其外在形态变化不大，所以在核算时不直接减少固定资产的价值，而是增加“累计折旧”账户中的金额。“累计折旧”账户是“固定资产”账户的备抵账户，累计折旧越多则固定资产的价值越少。

通常企业按照固定资产的预计使用年限计提折旧，并根据固定资产的不同使用部门和用途记入不同的成本类和费用类账户中。如：

借：管理费用（管理部门使用的固定资产）

　　销售费用（销售部门使用的固定资产）

　　制造费用（生产车间使用的固定资产）

　　贷：累计折旧

3. 在途物资、原材料、库存商品

企业购买货物的时候，如果发票先到，货物还在路上，需要使用“在途物资”账户。如果采购的货物需要加工后才能出售，则将其记入“原材料”账户。如果采购的货物不需要加工就可以直接出售，则将其记入“库存商品”账户。

4. 应付账款、预付账款

应付账款是企业采购商品等而未付的款项，通常期末余额在贷方，表示企业欠供应商的款项；如果期末余额在借方，则表示预付货款（订金）给供应商，但尚未收到供应商的货物，记入“预付账款”账户。

【例 3–3–5】2023 年 2 月，涛涛公司采购货车、面包、服装等物资，相关合同如图 3–3–1 所示。

由于签订合同不能证明经济业务已经发生或完成，所以经济合同不属于原始凭证，在签订合同当日会计不需要进行账务处理。但会计要审核经济合同，并根据经济合同对后续单据如发票（见图 3–3–2）、入库单（见图 3–3–3）等进行检查及核对。

会计审核合同、入库单、发票无误后，编制记账凭证（见图 3–3–4）。

然后根据记账凭证和所附原始凭证登记库存商品明细账（见表 3–3–2 和表 3–3–3）。

购销合同

合同编号：33586926

购货单位（甲方）：北京涛涛商贸有限责任公司
供货单位（乙方）：北京美味食品有限公司

根据《中华人民共和国民法典》及国家相关法律、法规之规定，甲乙双方本着平等互利的原则，就甲方购买乙方货物一事达成以下协议。

一、货物的名称、数量及价格

货物名称	规格型号	单位	数量	单价（元）	金额（元）	税率	价税合计（元）
水果面包		个	40000	5.00	200,000.00	13%	226,000.00
肉松面包		个	40000	4.00	160,000.00	13%	180,800.00
合计（大写）	肆拾万陆仟捌佰元整						¥406,800.00

二、交货方式和费用承担：交货方式：甲方自行提货，交货时间：2023年02月03日前，交货地点：乙方经营地，运费由甲方承担。

三、付款时间与付款方式：甲方收到货物后60天内采用支票或其他方式付款。

四、质量异议期：甲方对乙方的货物质量有异议时，应在收到货物后30天内提出，逾期视为货物质量合格。

五、未尽事宜经双方协商可签订补充协议，与本合同具有同等效力。

六、本合同自双方签字、盖章之日起生效；本合同壹式贰份，甲乙双方各执壹份。

甲方（签章）：	乙方（签章）：
授权代表：刘涛	授权代表：陈挺
地址：北京市欧拓路476号	地址：北京市菲志路796号
电话：74019263	电话：99569451
日期：2023年02月02日	日期：2023年02月02日

图 3-3-1 购销合同

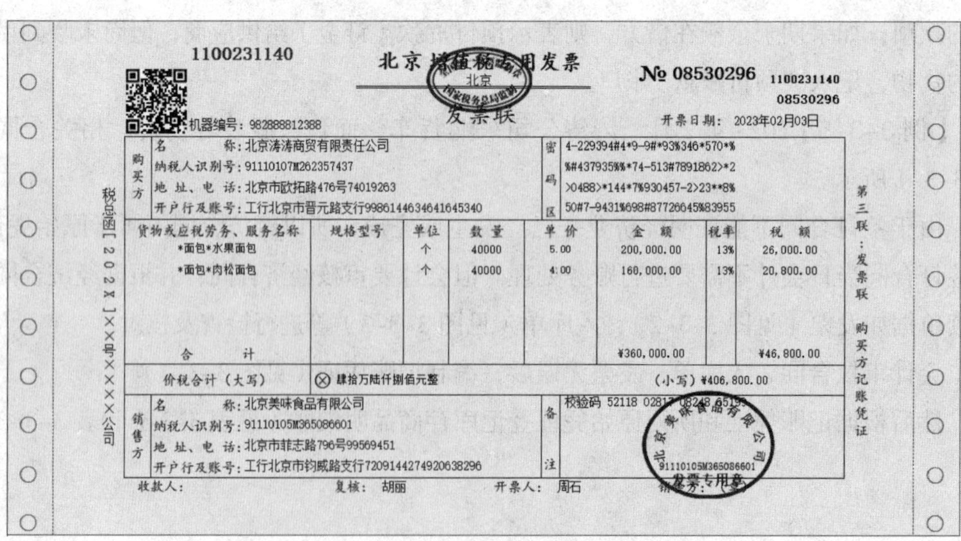

1100231140

北京增值税专用发票

№ 08530296　1100231140　08530296

发票联

机器编号：982888812388　　开票日期：2023年02月03日

购买方	名称：北京涛涛商贸有限责任公司 纳税人识别号：91110107M262357437 地址、电话：北京市欧拓路476号74019263 开户行及账号：工行北京市晋元路支行9986144634641645340	密码区	4-229394#4*9-9#*93%346*570*% %#437935%%*74-513#7891862>*2 >0488>*144*7%930457-2>23**8% 50#7-9431%698#87726645%83955

货物或应税劳务、服务名称	规格型号	单位	数量	单价	金额	税率	税额
*面包*水果面包		个	40000	5.00	200,000.00	13%	26,000.00
*面包*肉松面包		个	40000	4.00	160,000.00	13%	20,800.00
合计					¥360,000.00		¥46,800.00
价税合计（大写）	⊗肆拾万陆仟捌佰元整				(小写)¥406,800.00		

销售方	名称：北京美味食品有限公司 纳税人识别号：91110105M365086601 地址、电话：北京市菲志路796号99569451 开户行及账号：工行北京市钧威路支行7209144274920638296	备注	校验码 52118 0281[illegible] 08248 6519[illegible]

收款人：　复核：胡丽　开票人：周石　销售方：（章）

税总函[202X]××号××××公司

第三联：发票联　购买方记账凭证

图 3-3-2 发票

入 库 单

No. 001

供货单位：北京美味食品有限公司　　　　2023 年 02 月 03 日

编号	品名	规格	单位	数量	单价	金额	备注
	水果面包		个	40000	5.00	200,000.00	
	肉松面包		个	40000	4.00	160,000.00	
合			计			¥360,000.00	

主管：刘涛　　记账：刘晓　　保管：安欣　　经手人：安欣　　制单：安欣

图 3-3-3　入库单

记 账 凭 证

2023 年 02 月 03 日　　　　记 字第 003 号

摘要	总账科目	明细科目	记账√	借方金额										记账√	贷方金额										附单据
				千	百	十	万	千	百	十	元	角	分		千	百	十	万	千	百	十	元	角	分	
采购面包等	库存商品	水果面包				2	0	0	0	0	0	0	0												附
	库存商品	肉松面包				1	6	0	0	0	0	0	0												单
	应交税费	应交增值税-进项税					4	6	8	0	0	0	0												据 2
	应付账款	北京美味食品															4	0	6	8	0	0	0	0	
																									张
合　计					¥	4	0	6	8	0	0	0	0			¥	4	0	6	8	0	0	0	0	

财务主管 张涛　　记账 刘晓　　出纳 刘小美　　审核 张涛　　制单 刘晓

图 3-3-4　记账凭证

表 3-3-2　库存商品明细账 1

第 1 页

规　格 ＿＿＿　编　号 ＿＿＿　储备定额 ＿＿＿　类　别 食品类　最高储备量 ＿＿＿

名　称 水果面包　计量单位 个　计划单位 ＿＿＿　存放地点 商品库　最低储备量 ＿＿＿

2023年		凭证		摘要	收入												发出												结存											
月	日	种类	号数		数量	单价	金额										数量	单价	金额										数量	单价	金额									
							千	百	十	万	千	百	十	元	角	分			千	百	十	万	千	百	十	元	角	分			千	百	十	万	千	百	十	元	角	分
02	03	记	003	采购面包等	40 000	5			2	0	0	0	0	0	0	0													40 000	5			2	0	0	0	0	0	0	0

表 3-3-3　库存商品明细账 2

第___页

规　格 ________　编　号 ________　储备定额 ________　类　别 食品类　最高储备量 ________

名　称 肉松面包　计量单位 个　计划单位 ________　存放地点 商品库　最低储备量 ________

2023年		凭证		摘要	收入												发出												结存											
月	日	种类	号数		数量	单价	金额										数量	单价	金额										数量	单价	金额									
							千	百	十	万	千	百	十	元	角	分			千	百	十	万	千	百	十	元	角	分			千	百	十	万	千	百	十	元	角	分
02	03	记	003	采购面包等	40 000	4			1	6	0	0	0	0	0	0													40 000	4			1	6	0	0	0	0	0	0

登记“应交税费——应交增值税”明细账（见表 3-3-4）。

表 3-3-4　“应交税费——应交增值税”明细账

2023 年		凭证号数	摘要	借方								贷方					余额
月	日			合计	进项税额	销项税额抵减	已交税金	减免税款	出口抵减内销产品应纳税额	转出未交增值税		合计	销项税额	出口退税	进项税额转出	转出多交增值税	
02	03	记 003	采购面包等	46 800.00	46 800.00												–46 800.00

登记应付账款明细账（见表 3-3-5）。

表 3-3-5　应付账款明细账

第___页

二级科目或明细科目　北京美味食品

2023年		凭证		摘　要	借方										贷方										借或贷	余额									
月	日	种类	号数		千	百	十	万	千	百	十	元	角	分	千	百	十	万	千	百	十	元	角	分		千	百	十	万	千	百	十	元	角	分
02	03	记	003	采购面包等													4	0	6	8	0	0	0	0	贷			4	0	6	8	0	0	0	0

课堂练习

根据所学知识，在横线上填入适当的内容。

1. 某公司采购一批材料，材料已经入库，月底时发票没有收到，借方科目应为________，贷方科目应为________。

2. 某公司采购一批商品，价款为 10 万元，增值税为 1.3 万元。如果取得增值税专用发票，则库存商品的成本为________元；如果取得增值税普通发票，则库存商品的成本为________元。

3. 某公司 10 月份“应交税费——应交增值税——进项税额”账户余额为 10 万元，“应交税费——应交增值税——销项税额”账户余额为 7 万元，当月应缴纳增值税________万元。

第四节 销售业务核算

知识提要

企业的销售业务不只是买卖商品、收款，还包括合同签订、售后服务等环节。销售业务核算就是对企业销售商品或提供服务的全过程进行会计确认、计量、记录和报告的活动。通过销售业务核算，企业能够及时了解销售状况，分析市场趋势，调整销售策略，从而提升经济效益和市场竞争力。

销售业务核算主要涉及“主营业务收入”“应收账款”“应交税费——应交增值税——销项税额”等会计科目。

一、销售业务简介

销售是指以出售、租赁或其他方式向客户提供商品或服务的行为，包括搜寻客户信息、选择目标客户、商务洽谈、签订销售合同、送货、收款等一系列活动。企业通过销售活动增加收入，实现资金的回笼。销售业务会产生企业的收入，同时，为客户提供商品和服务也会产生相应的成本和费用。

二、销售业务流程及账务处理

1. 销售人员与客户洽谈，通常包括客户询价、销售部门报价、双方协商一致后签订销售合同（订单）等一系列过程。如果是赊销，还要进行信用审批以确定信用额度和期限。

2. 销售部门根据销售合同（订单）填写发货单，仓库、运输部门、销售部门各持一联。

3. 给客户送货时，仓库根据实际发货情况填制出库单，运输部门填制送货单，都要给财务部门一联。财务部门根据出库单和送货单登记明细账，开具发票，给客户一联，并核对出库单、订单、发货单，进行账务处理。

货物的移交有客户自提、企业送货和第三方送货三种情况。无论哪种情况，当客户取得商品实际控制权，主导该商品的使用并从中获得经济利益时，不论是否开具发票，企业都应该确认收入，否则应记入“发出商品”等账户。具体来说，确认收入应满足以下条件：

（1）合同各方已批准该合同并承诺将履行各自义务。

（2）该合同明确了合同各方与所转让商品或提供服务相关的权利和义务。

（3）该合同有明确的与所转让商品或提供服务相关的支付条款。

（4）该合同具有商业实质，即履行该合同将改变企业未来现金流量的风险、时间分布或金额。

（5）企业因向客户转让商品而有权取得的对价很可能收回。

【例 3-4-1】2023 年 3 月，涛涛公司根据销售合同，将 100 套服装以每套 200 元的价格（成本价为每套 100 元）销售给华联超市，货物已经发出。

1. 假设①：会计人员经过评估，认为符合确认收入的条件，并开具增值税专用发票，相关会计分录如下：

借：应收账款——华联超市　　22 600

　贷：主营业务收入　　20 000

　　应交税费——应交增值税——销项税额　　2 600

同时，根据出库单，结转至销售成本，相关会计分录如下：

借：主营业务成本——服装成本　　10 000

　贷：库存商品——服装　　10 000

2. 假设②：会计人员经过评估，认为符合确认收入的条件，但涛涛公司发货时未开具增值税专用发票，准备在收款时开具专用发票。

（1）发货时，相关会计分录如下：

借：应收账款——华联超市　　22 600

　贷：主营业务收入　　20 000

　　应交税费——待转销项税　　2 600

同时，结转至销售成本，会计分录同上。

（2）收款时，开具增值税专用发票，相关会计分录如下：

借：银行存款　　22 600

　贷：应收账款——华联超市　　22 600

借：应交税费——待转销项税　　2 600

　贷：应交税费——应交增值税——销项税额　　2 600

3. 假设③：会计人员经过评估，认为不符合确认收入的条件，相关会计分录如下：

借：发出商品　　10 000

　贷：库存商品——服装　　10 000

三、相关账户设置

1. 主营业务收入、主营业务成本

主营业务收入是指企业从事本行业生产经营活动所取得的营业收入，用来核算企业在销售商品、提供服务以及让渡资产使用权等日常活动中实现的收入。“主营业务收入”账户属于损益类账户，期末该账户余额结转到“本年利润”账户后为0。

主营业务收入的计算公式一般是：

主营业务收入 = 产品销售数量 × 实际销售价格（按折扣计算）

主营业务成本是为了取得主营业务收入而发生的实际成本。“主营业务成本”账户也属于损益类账户，期末该账户余额结转到“本年利润”账户后为0。

主营业务成本的计算公式一般是：

主营业务成本 = 产品销售数量 × 已销产品的单位成本

2. 库存商品

库存商品是指企业不需要加工就可以直接出售的货物。库存商品和原材料等构成企业的存货，发出存货的计价方法有先进先出法、月末一次加权平均法、移动加权平均法和个别计价法，小微企业主要使用前两种方法。

先进先出法假设最早购入的存货是最先被售出的，因此，核算时按照存货的购入顺序来确定成本。先进先出法没有固定的计算公式。

采用月末一次加权平均法可以计算出存货的加权平均单位成本，以此为基础，可以计算出当月发出存货的成本和期末存货成本。

存货单位成本的计算公式是：

单位成本 =（期初结存成本 + 本期增加成本）÷（期初结存数量 + 本期增加数量）

【例 3–4–2】2023 年 3 月，涛涛公司面料期初存货为 1 000 米，每米采购价为 8 元。3 月 3 日购入面料 10 000 米，每米采购价为 10 元。3 月 6 日领用面料 5 000 米用于生产男装。3 月 20 日购入面料 4 000 米，每米采购价为 12 元。

1. 按先进先出法核算

领用成本 =1 000 × 8+（5 000–1 000）× 10=48 000（元）

2. 按月末一次加权平均法核算

存货单位成本 =（1 000 × 8+10 000 × 10+4 000 × 12）÷（1 000+10 000+4 000）
=10.4（元 / 米）

领用成本 =5 000 × 10.4=52 000（元）

【例 3–4–3】2023 年 2 月，涛涛公司销售一批货物，货款未支付，相关合同如图 3–4–1 所示，发票如图 3–4–2 所示。

购销合同

合同编号:45007265

购货单位（甲方）：北京店小二超市有限责任公司
供货单位（乙方）：北京涛涛商贸有限责任公司

根据《中华人民共和国民法典》及国家相关法律、法规之规定，甲乙双方本着平等互利的原则，就甲方购买乙方货物一事达成以下协议。

一、货物的名称、数量及价格

货物名称	规格型号	单位	数量	单价（元）	金额（元）	税率	价税合计（元）
水果面包		个	35000	10.00	350,000.00	13%	395,500.00
肉松面包		个	35000	8.00	280,000.00	13%	316,400.00
合计（大写） 柒拾壹万壹仟玖佰元整							￥711,900.00

二、交货方式和费用承担：交货方式：乙方送货，交货时间：2023年02月15日前，交货地点：甲方门店，运费由乙方承担。

三、付款时间与付款方式：收到货物后60天内付款。

四、质量异议期：甲方对乙方的货物质量有异议时，应在收到货物后30天内提出，逾期视为货物质量合格。

五、未尽事宜经双方协商可签订补充协议，与本合同具有同等效力。

六、本合同自双方签字、盖章之日起生效。本合同壹式贰份，甲乙双方各执壹份。

甲方（签章）：	乙方（签章）：
授权代表：刘舰壮	授权代表：刘涛
地址：北京市斯天路945号	地址：北京市欧拓路476号
电话：67153398	电话：74019263
日期：2023年02月10日	日期：2023年02月10日

（印章：北京店小二超市有限责任公司；北京涛涛商贸有限责任公司）

图 3-4-1 购销合同

1100231140　　北京　增值税专用发票　　№ 50222461　1100231140　50222461

此联不作报销、扣税凭证使用

机器编号：982888812388　　开票日期：2023年02月15日

购买方	名称：北京店小二超市有限责任公司 纳税人识别号：91110117M515777626 地址、电话：北京市斯天路945号67153398 开户行及账号：工行北京市佳巨路支行4068548038341046113	密码区	03#8%2>16*77490-*54232*5862% 740#573*2>40705*75370->85%-5 3>00%9#*9>**3-210-2#408>4497 #9#255088%>->403-6#%5141*1#3

货物或应税劳务、服务名称	规格型号	单位	数量	单价	金额	税率	税额
*面包*水果面包		个	35000	10.00	350,000.00	13%	45,500.00
*面包*肉松面包		个	35000	8.00	280,000.00	13%	36,400.00
合计					¥630,000.00		¥81,900.00
价税合计（大写）	⊗ 柒拾壹万壹仟玖佰元整				（小写）¥711,900.00		

销售方	名称：北京涛涛商贸有限责任公司 纳税人识别号：91110107M262357437 地址、电话：北京市欧拓路476号74019263 开户行及账号：工行北京市晋元路支行9986144634641645340	备注	校验码 52118 02817 08248 65199

收款人：　　复核：刘晓　　开票人：刘小美　　销售方：（章）

税总函[202X]××号×××公司

第一联：记账联　销售方记账凭证

图 3-4-2 发票

会计人员据此填制记账凭证，如图 3-4-3 所示。

记 账 凭 证

2023 年 02 月 15 日　　　　记 字第 004 号

摘要	总账科目	明细科目	记账√	借方金额										记账√	贷方金额									
				千	百	十	万	千	百	十	元	角	分		千	百	十	万	千	百	十	元	角	分
赊销面包等	应收账款	北京店小二超市				7	1	1	9	0	0	0	0											
	主营业务收入	水果面包收入															3	5	0	0	0	0	0	0
	主营业务收入	肉松面包收入															2	8	0	0	0	0	0	0
	应交税费	应交增值税-销项税																8	1	9	0	0	0	0
合　计					¥	7	1	1	9	0	0	0	0			¥	7	1	1	9	0	0	0	0

附单据 1 张

财务主管 张涛　　记账 刘晓　　出纳 刘小美　　审核 张涛　　制单 刘晓

图 3-4-3　销售货物的记账凭证

货物发出后，工作人员填制出库单（见表 3-4-1）。

表 3-4-1　出库单　　　　No.001

购货单位：北京店小二超市有限责任公司　　　　2023 年 02 月 15 日

编　号	品　名	规　格	单　位	数　量	单　价	金　额	备　注
	水果面包		个	35 000	5.00	175 000.00	先进先出
	肉松面包		个	35 000	4.00	140 000.00	先进先出
合计						¥315 000.00	

第二联　记账联

主管：刘涛　　记账：刘晓　　保管：安欣　　经手人：安欣　　制单：安欣

会计人员据此填制记账凭证，如图 3-4-4 所示。

记 账 凭 证

2023 年 02 月 15 日　　　　记 字第 005 号

摘要	总账科目	明细科目	记账√	借方金额										记账√	贷方金额									
				千	百	十	万	千	百	十	元	角	分		千	百	十	万	千	百	十	元	角	分
结转销售成本	主营业务成本	水果面包成本				1	7	5	0	0	0	0	0											
	主营业务成本	肉松面包成本				1	4	0	0	0	0	0	0											
	库存商品	水果面包															1	7	5	0	0	0	0	0
	库存商品	肉松面包															1	4	0	0	0	0	0	0
合　计					¥	3	1	5	0	0	0	0	0			¥	3	1	5	0	0	0	0	0

附单据 1 张

财务主管 张涛　　记账 刘晓　　出纳 刘小美　　审核 张涛　　制单 刘晓

图 3-4-4　结转销售成本的记账凭证

会计人员登记相关账簿，其中根据“记字第004号”凭证登记的账簿见表3–4–2至表3–4–4。

表3–4–2 应收账款明细账

第___页

二级科目或明细科目 北京店小二超市

2023年		凭证		摘要	借方										贷方										借或贷	余额									
月	日	种类	号数		千	百	十	万	千	百	十	元	角	分	千	百	十	万	千	百	十	元	角	分		千	百	十	万	千	百	十	元	角	分
02	15	记	004	销售面包等													7	1	1	9	0	0	0	0	贷			7	1	1	9	0	0	0	0

表3–4–3 主营业务收入明细账

总第____页 分第____页

____级科目编号及名称 ________

____级科目编号及名称 ________

2023年		凭证		摘要	借方									贷方									借或贷	余额									(贷)方金额分析																										
																																	水果面包									肉松面包																	
月	日	种类	号数		百	十	万	千	百	十	元	角	分	百	十	万	千	百	十	元	角	分		百	十	万	千	百	十	元	角	分	百	十	万	千	百	十	元	角	分	百	十	万	千	百	十	元	角	分	百	十	万	千	百	十	元	角	分
02	15	记	004	销售面包等											6	3	0	0	0	0	0	0												3	5	0	0	0	0	0	0		2	8	0	0	0	0	0	0									

表3–4–4 “应交税费——应交增值税”明细账

2023年		凭证号数	摘要	借方							贷方					余额
月	日			合计	进项税额	销项税额抵减	已交税金	减免税款	出口抵减内销产品应纳税额	转出未交增值税	合计	销项税额	出口退税	进项税额转出	转出多交增值税	
02	03	记003	采购面包等	46 800.00	46 800.00											–46 800.00
02	15	记004	销售面包等								81 900.00	81 900.00				35 100.00

根据“记字第005号”凭证登记的账簿见表3–4–5至表3–4–7。

表3–4–5 主营业务成本明细账

总第____页 分第____页

____级科目编号及名称 ________

____级科目编号及名称 ________

2023年		凭证		摘要	借方									贷方									借或贷	余额									(借)方金额分析																										
																																	水果面包									肉松面包																	
月	日	种类	号数		百	十	万	千	百	十	元	角	分	百	十	万	千	百	十	元	角	分		百	十	万	千	百	十	元	角	分	百	十	万	千	百	十	元	角	分	百	十	万	千	百	十	元	角	分	百	十	万	千	百	十	元	角	分
02	15	记	005	结转销售成本		3	1	5	0	0	0	0	0																					1	7	5	0	0	0	0	0		1	4	0	0	0	0	0	0									

表 3-4-6　库存商品明细账 1

第 1 页

规　格 ________ 编　号 ________ 储备定额 ________ 类　别 食品类 最高储备量 ________

名　称 水果面包 计量单位 个 计划单位 ________ 存放地点 商品库 最低储备量 ________

2023年		凭证		摘要	收入												发出												结存											
月	日	种类	号数		数量	单价	金额										数量	单价	金额										数量	单价	金额									
							千	百	十	万	千	百	十	元	角	分			千	百	十	万	千	百	十	元	角	分			千	百	十	万	千	百	十	元	角	分
02	03	记	003	采购面包等	40 000	5			2	0	0	0	0	0	0	0													40 000	5			2	0	0	0	0	0	0	0
02	15	记	005	结转销售成本													35 000	5			1	7	5	0	0	0	0	0	5 000	5				2	5	0	0	0	0	0

表 3-4-7　库存商品明细账 2

第___页

规　格 ________ 编　号 ________ 储备定额 ________ 类　别 食品类 最高储备量 ________

名　称 肉松面包 计量单位 个 计划单位 ________ 存放地点 商品库 最低储备量 ________

2023年		凭证		摘要	收入												发出												结存											
月	日	种类	号数		数量	单价	金额										数量	单价	金额										数量	单价	金额									
							千	百	十	万	千	百	十	元	角	分			千	百	十	万	千	百	十	元	角	分			千	百	十	万	千	百	十	元	角	分
02	03	记	003	采购面包等	40 000	4			1	6	0	0	0	0	0	0													40 000	4			1	6	0	0	0	0	0	0
02	15	记	005	结转销售成本													35 000	4			1	4	0	0	0	0	0	0	5 000	4				2	0	0	0	0	0	0

课堂练习

根据所学知识，在横线上填入适当的内容。

1. 某公司销售一批产品，货物已经发出，但不满足确认收入的条件，则借方科目为________，贷方科目为________。

2. 某服装销售公司存货核算采用先进先出法。期初库存中有运动服 100 套，每套采购价为 100 元。某月购入 200 套运动服，每套采购价为 120 元。当月销售 180 套运动服，则主营业务成本为________。

第五节　日常费用核算与分析

知识提要

企业在日常运营过程中，经常会发生日常费用。例如，购买办公用品会发生办公费，员工出差会发生差旅费，发布广告会发生广告费，召开会议会发生会议费，等等。

通过核算与分析日常费用，企业能够清晰地了解各项费用的支出情况，为成本控制和预算管理提供依据，同时及时发现费用异常和浪费现象，从而采取有效措施进行改进。

日常费用核算主要涉及“管理费用”“销售费用”“财务费用”等总分类科目，以及“差旅费”“招待费”“培训费”“广告费”“会议费”“水电费”“办公费”“维修费”等明细科目。

一、日常费用业务简介及核算流程

企业的日常费用支出和采购都会导致货币资金的流出。采购的货物或服务可以在未来通过出售等方式为企业带来收益，形成资产。而日常费用支出的受益期限往往仅限于当期，一般不会在未来给企业带来明确的收益。

从业务性质上看，企业的日常费用通常包括差旅费、招待费、培训费、广告费、会议费、水电费、办公费、维修费等。相关人员需要支出费用时应提出申请，经批准后选择相应的服务商。服务结束后，服务商开具发票，财务部门再进行报销。整体流程如图 3–5–1 所示。

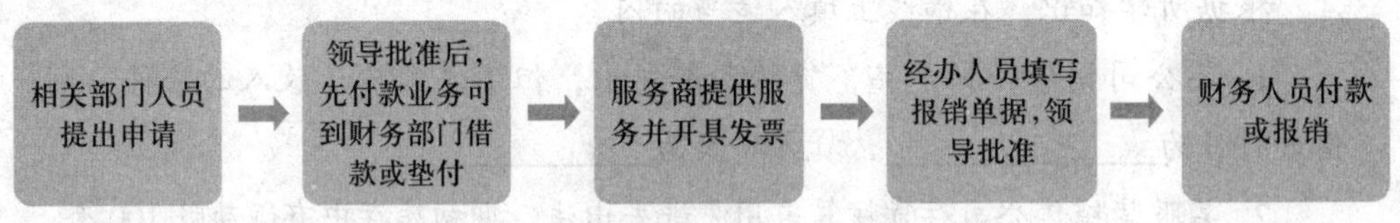

图 3–5–1　日常费用业务核算流程

二、相关账户设置

1. 管理费用

管理费用明细账采用多栏式账页，主要核算管理部门开展管理活动时发生的日常支出。具体核算内容有：企业董事会和行政管理部门在企业经营管理中发生的，或者应当由企业统一负担的企业经费、工会经费、社会保险费、董事会费、聘请中介机构费、咨询费、诉讼费、业务招待费、办公费、差旅费、通信费、绿化费、管理人员工资及福利费等。

2. 销售费用

销售费用明细账采用多栏式账页，主要核算内容为销售部门开展销售活动所发生的日常支出。具体核算内容有企业销售商品和材料、提供服务的过程中发生的各种费用，包括保险费、包装费、展览费、广告费、商品维修费、预计产品质量保证损失、运输费、装卸费等，以及为销售本企业商品而专设的销售机构（含销售网点、售后服务网点等）的职工薪酬、业务费、折旧费等经营费用。

【例 3–5–1】涛涛公司销售部员工李丽去杭州出差，预借 3 000 元差旅费，相关借款审批单见表 3–5–1，付款凭证如图 3–5–2 所示。

表 3–5–1　借款审批单

2023 年 02 月 16 日

部门	销售部		借款人	李丽
借款事由	去杭州拓展市场			
借款金额	（大写金额）¥零拾零万叁仟零佰零拾零元零角零分			
预计还款报销日期	2023 年 02 月 19 日			小写：¥3,000.00
审批意见	同意 刘涛	借款人签收		李丽

财务主管：张涛　　　　　　　　　　　　出纳：刘小美

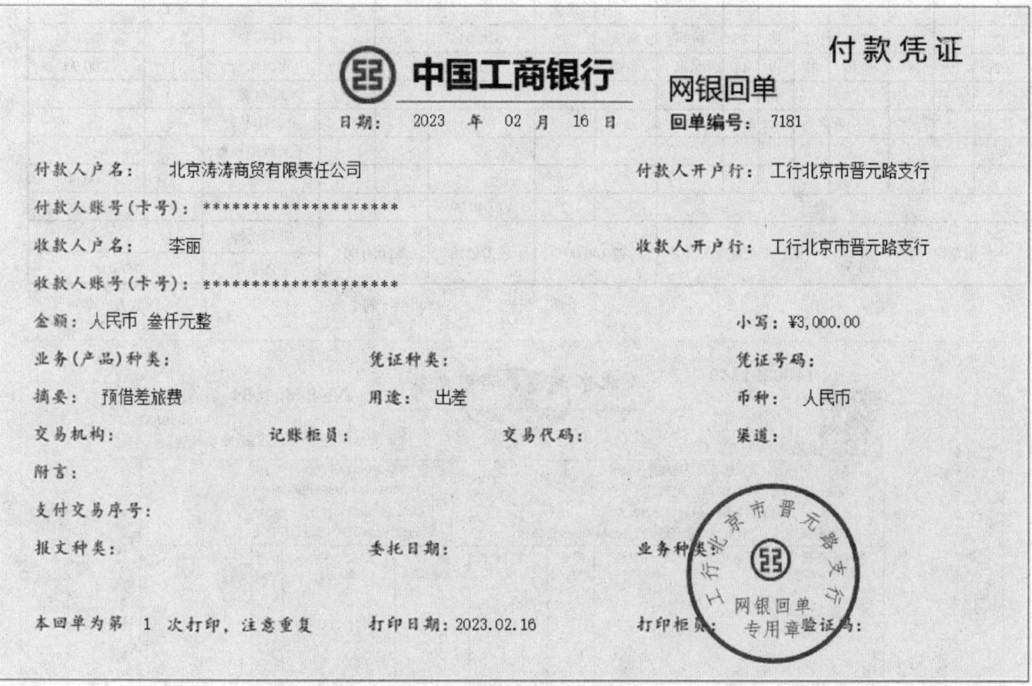
中国工商银行　网银回单　付款凭证

日期：2023 年 02 月 16 日　回单编号：7181

付款人户名：北京涛涛商贸有限责任公司　付款人开户行：工行北京市晋元路支行

付款人账号(卡号)：********************

收款人户名：李丽　收款人开户行：工行北京市晋元路支行

收款人账号(卡号)：********************

金额：人民币 叁仟元整　小写：¥3,000.00

业务(产品)种类：　凭证种类：　凭证号码：

摘要：预借差旅费　用途：出差　币种：人民币

交易机构：　记账柜员：　交易代码：　渠道：

附言：

支付交易序号：

报文种类：　委托日期：　业务种类：

本回单为第 1 次打印，注意重复　打印日期：2023.02.16　打印柜员：　验证码：

图 3–5–2　付款凭证

据此编制的记账凭证如图 3–5–3 所示。

2 月 19 日，李丽提交相关报销凭证，分别见表 3–5–2、图 3–5–4 至图 3–5–7。

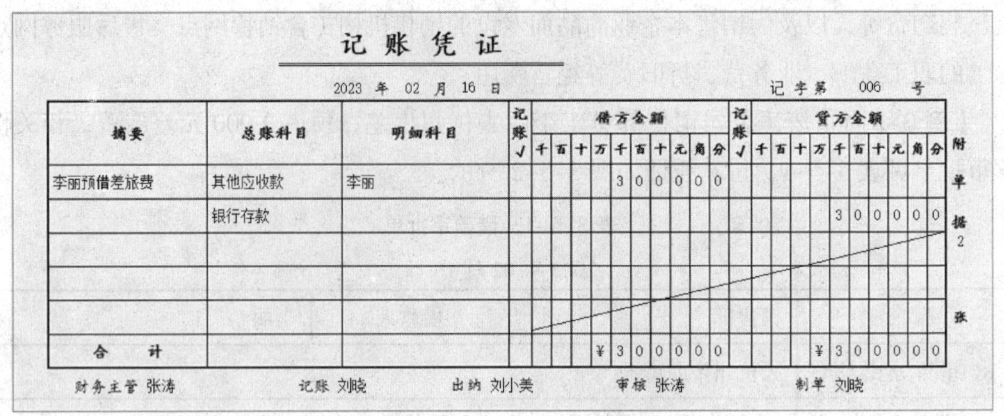

记账凭证

2023 年 02 月 16 日　　　　记字第 006 号

摘要	总账科目	明细科目	记账√	借方金额（千百十万千百十元角分）	记账√	贷方金额（千百十万千百十元角分）
李丽预借差旅费	其他应收款	李丽		300000		
	银行存款					300000
合　计				¥300000		¥300000

附单据 2 张

财务主管 张涛　　记账 刘晓　　出纳 刘小美　　审核 张涛　　制单 刘晓

图 3-5-3　预借差旅费的记账凭证

表 3-5-2　差旅费报销单

部门：销售部　　2023 年 02 月 19 日

出差人				李丽									出差事由	市场拓展	
出发				到达				交通工具	交通费		出差补贴		其他费用		
月	日	时	地点	月	日	时	地点		票据张数	金额	天数	金额	项目	票据张数	金额
02	16	11	北京	02	16	15	杭州	高铁	1	520.00			住宿费	1	600.00
02	19	8	杭州	02	19	12	北京	高铁	1	520.00			市内车费	1	200.00
													邮电费		
													办公用品费		
													不买卧铺补贴		
													其他	1	300.00
合计									2	¥1 040.00				3	¥1 100.00
报销总额		人民币（大写）	贰仟壹佰肆拾元整				¥2 140.00			预借金额	¥3 000.00		补领金额		
													退还金额	¥860.00	

附件 5 张

主管　刘涛　　审核　张涛　　出纳　刘小美　　领款人　李丽

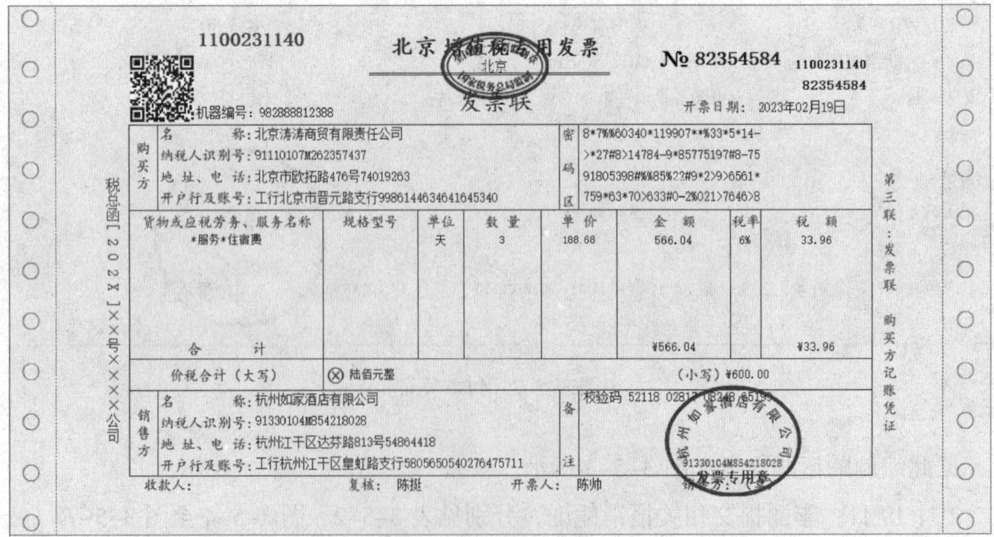

1100231140

北京增值税专用发票

发票联

№ 82354584　1100231140　82354584

机器编号：982888812388　　开票日期：2023年02月19日

购买方　名称：北京涛涛商贸有限责任公司
纳税人识别号：91110107M262357437
地址、电话：北京市欧拓路476号74019263
开户行及账号：工行北京市晋元路支行998614463464164534O

密码区：8*7%%60340*119907**%33*5*14->*27#8>14784-9*85775197#8-7591805398#%%85%2?#9*2>9>6561*759*63*70>633#0-2%021>7646>8

货物或应税劳务、服务名称	规格型号	单位	数量	单价	金额	税率	税额
*服务*住宿费		天	3	188.68	566.04	6%	33.96
合　计					¥566.04		¥33.96

价税合计（大写）　⊗陆佰元整　　（小写）¥600.00

销售方　名称：杭州如家酒店有限公司
纳税人识别号：91330104M854218028
地址、电话：杭州江干区达芬路813号54864418
开户行及账号：工行杭州江干区皇虹路支行5805650540276475711

备注：校验码 52118 02817 08348 65194

收款人：　　复核：陈挺　　开票人：陈帅　　销售方：（章）

税总函[202X]××号×××公司

第三联：发票联　购买方记账凭证

图 3-5-4　住宿费发票

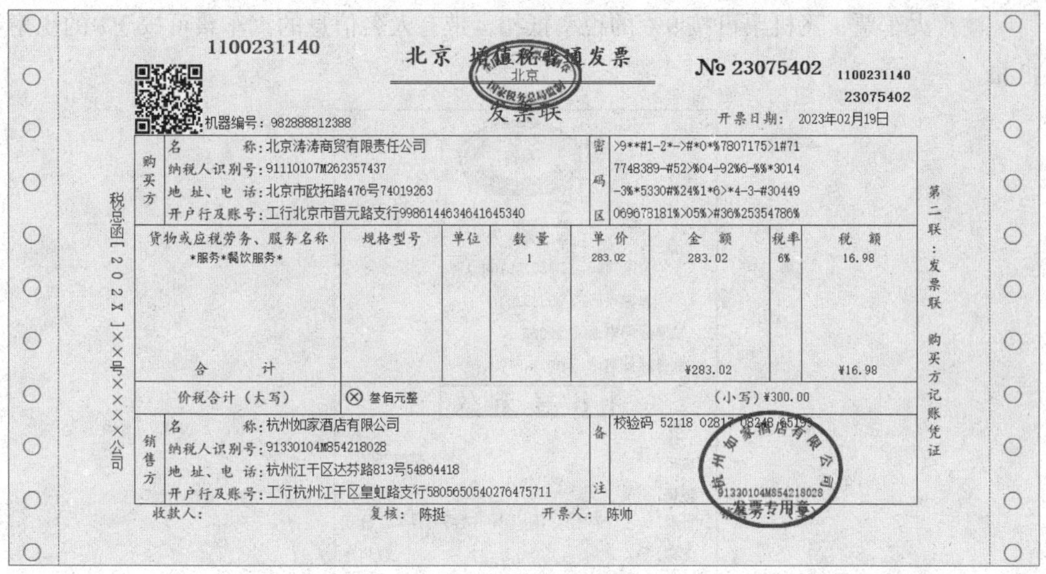

1100231140

北京增值税普通发票

№ 23075402

1100231140
23075402

发票联

机器编号：982888812388

开票日期：2023年02月19日

购买方	名称：北京涛涛商贸有限责任公司 纳税人识别号：91110107M262357437 地址、电话：北京市欧拓路476号74019263 开户行及账号：工行北京市晋元路支行9986144634641645340	密码区	>9**#1-2*->*#*0*%7807175>1#71 7748389-#52>%04-92%6-%%*3014 -3%*5330#%24%1*6>*4-3-#30449 069678181%>05%>#36%25354786%

货物或应税劳务、服务名称	规格型号	单位	数量	单价	金额	税率	税额
*服务*餐饮服务*			1	283.02	283.02	6%	16.98
合计					¥283.02		¥16.98
价税合计（大写）	⊗叁佰元整				（小写）¥300.00		

销售方	名称：杭州如家酒店有限公司 纳税人识别号：91330104M854218028 地址、电话：杭州江干区达芬路813号54864418 开户行及账号：工行杭州江干区皇虹路支行5805650540276475711	备注	校验码 52118 0281

收款人：　　复核：陈挺　　开票人：陈帅　　销售方：（章）

税总函[202X]××号×××公司

第二联：发票联　购买方记账凭证

图 3-5-5　餐费发票

注：住宿费可以抵扣。餐费不可抵扣，不能开增值税专用发票。

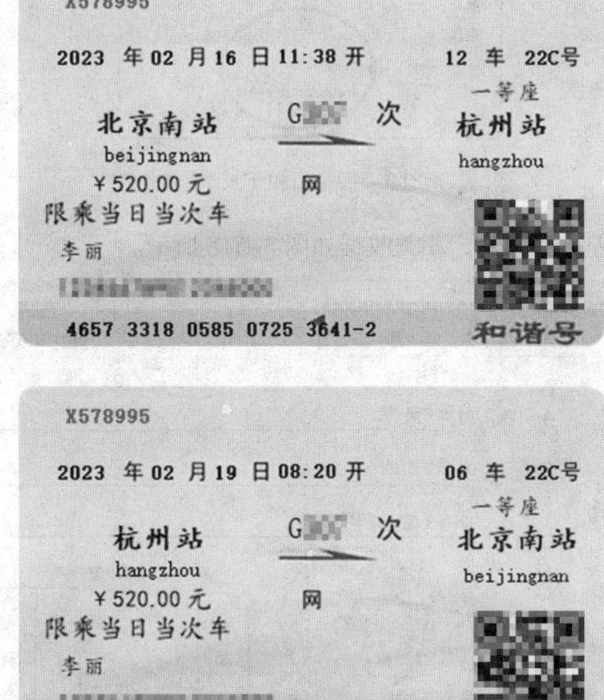

图 3-5-6　火车票

注：火车票、飞机票可按 9% 的税率抵扣，带有人名信息的汽车票可按 3% 的税率抵扣。

杭州市出租车统一发票
TAXI RECEIPT
发票联
发票代码：233010910961
发票号码：9D0831
发票查询电话：12366
服务监督电话：0571-8798070
书写无效
车号：杭BT3556
证号：
日期：2023 年 02 月 17 日
上车：9:36
下车：10:50
单价：¥2.50
里程：80
等候：
金额：¥200.00
卡号：
原额：
余额：¥-200.00
批号：64774655
杭州市交通运输委员会 出租汽车发票专用章

图 3-5-7　出租车发票

李丽上交预借差旅费余款，相关收据如图 3-5-8 所示。

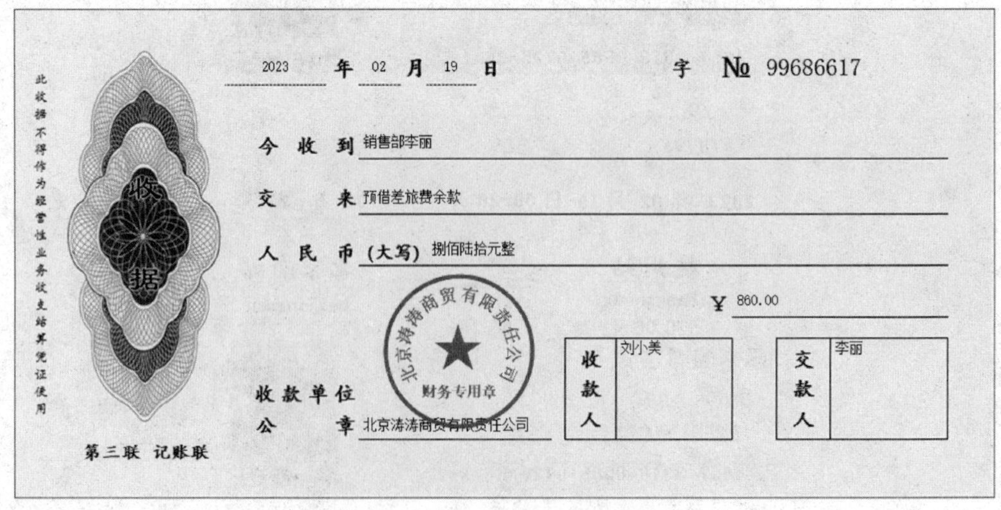
此收据不得作为经营性业务收支结算凭证使用

收据

2023 年 02 月 19 日　　字 № 99686617

今收到　销售部李丽

交来　预借差旅费余款

人民币（大写）捌佰陆拾元整

¥ 860.00

收款单位公章　北京涛涛商贸有限责任公司（财务专用章）

收款人　刘小美　　交款人　李丽

第三联　记账联

图 3-5-8　收据

据此编制的记账凭证如图 3-5-9 所示。

记 账 凭 证

2023 年 02 月 19 日　　　　记字第 007 号

摘要	总账科目	明细科目	记账	借方金额										记账	贷方金额										附单据 6 张
			√	千	百	十	万	千	百	十	元	角	分	√	千	百	十	万	千	百	十	元	角	分	
报销李丽差旅费	销售费用	差旅费						2	0	2	0	1	7												
	应交税费	应交增值税-进项税							1	1	9	8	3												
	库存现金								8	6	0	0	0												
	其他应收款	李丽																	3	0	0	0	0	0	
合　计							¥	3	0	0	0	0	0					¥	3	0	0	0	0	0	

财务主管 张涛　　记账 刘晓　　出纳 刘小美　　审核 张涛　　制单 刘晓

图 3-5-9　报销差旅费的记账凭证

【例 3-5-2】2023 年 2 月 28 日，涛涛公司收到电费、水费发票（见图 3-5-10 和图 3-5-11），相关费用暂未支付。

该公司各部门没有单独的水表和电表，而公司的水电消耗与办公面积密切相关，因此公司规定水电费根据各部门占用的办公面积进行分配，分配表见表 3-5-3。

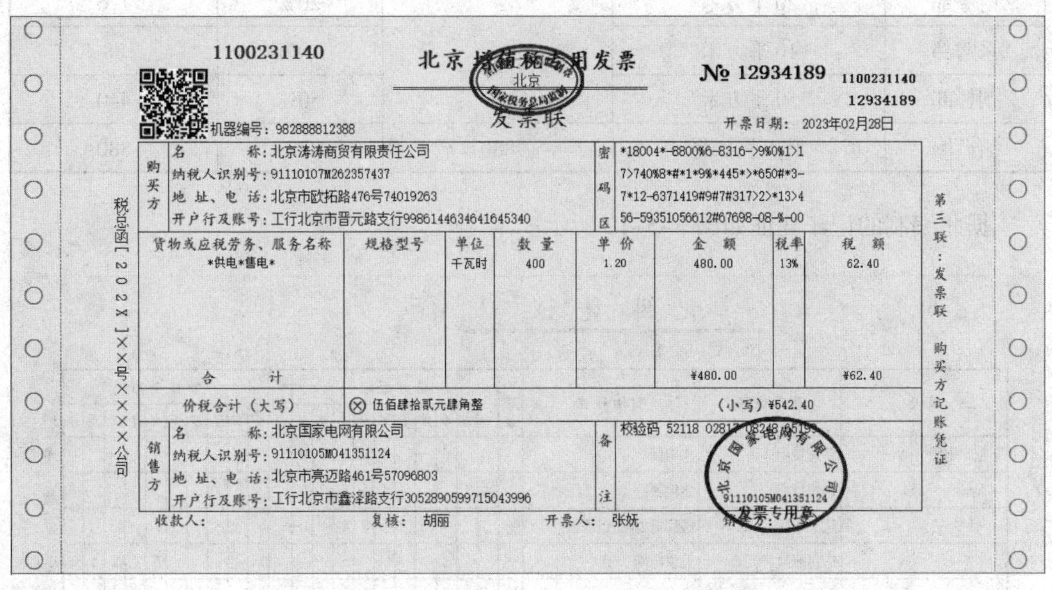

1100231140　　北京增值税专用发票　　№ 12934189　1100231140　12934189

发票联

机器编号：982888812388　　开票日期：2023年02月28日

购买方　名　称：北京涛涛商贸有限责任公司
纳税人识别号：91110107M262357437
地 址、电 话：北京市欧拓路476号74019263
开户行及账号：工行北京市晋元路支行9986144634641645340

密码区　*18004*-8800%6-8316->9%0%1>17>740%8*#*1*9%*445*>*650*#*3-7*12-6371419#9#7#317>2>*13>456-59351056612#67698-08-%-00

货物或应税劳务、服务名称	规格型号	单位	数量	单价	金额	税率	税额
*供电*售电*		千瓦时	400	1.20	480.00	13%	62.40
合　计					¥480.00		¥62.40
价税合计（大写）	⊗伍佰肆拾贰元肆角整				（小写）¥542.40		

销售方　名　称：北京国家电网有限公司
纳税人识别号：91110105M041351124
地 址、电 话：北京市亮迈路461号57096803
开户行及账号：工行北京市鑫泽路支行3052890599715043996

备注　校验码 52118 02817 08248 65191

收款人：　　复核：胡丽　　开票人：张妩　　销售方：（章）

第三联：发票联　购买方记账凭证

税总函［202X］××号××××公司

图 3-5-10　电费发票

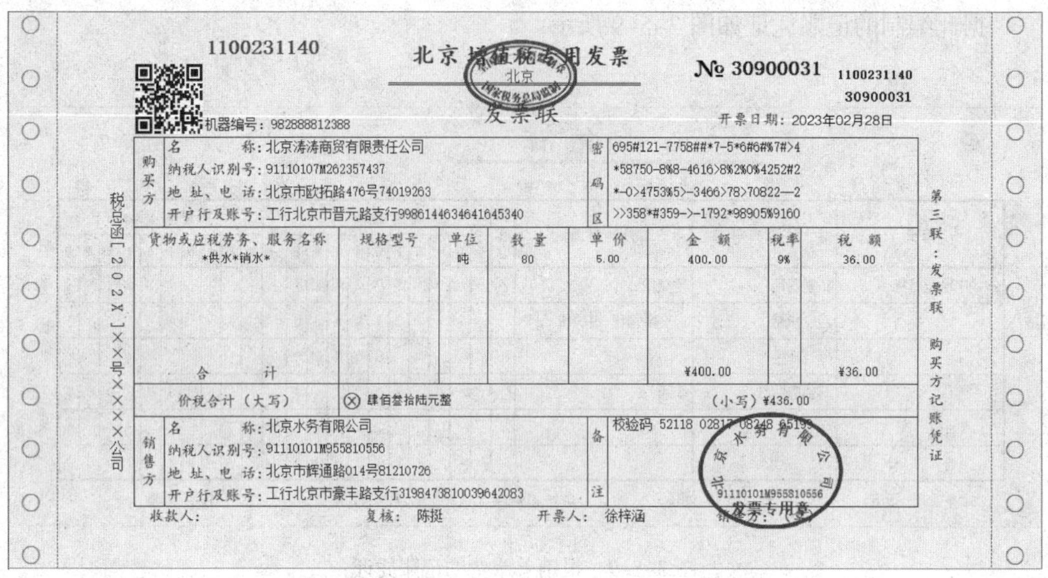

1100231140

北京增值税专用发票

№ 30900031　1100231140 30900031

机器编号：982888812388　　　　发票联　　　　开票日期：2023年02月28日

购买方	名称：北京涛涛商贸有限责任公司 纳税人识别号：91110107M262357437 地址、电话：北京市欧拓路476号74019263 开户行及账号：工行北京市晋元路支行9986144634641645340	密码区	695#121-7758##*7-5*6#6#%7#>4 *58750-8%8-4616>8%2%0%4252#2 *-0>4753%5>-3466>78>70822—2 >>358*#359->-1792*98905%9160

货物或应税劳务、服务名称	规格型号	单位	数量	单价	金额	税率	税额
*供水*销水*		吨	80	5.00	400.00	9%	36.00
合计					¥400.00		¥36.00
价税合计（大写）	ⓧ肆佰叁拾陆元整				（小写）¥436.00		

销售方	名称：北京水务有限公司 纳税人识别号：91110101M955810556 地址、电话：北京市辉通路014号81210726 开户行及账号：工行北京市豪丰路支行3198473810039642083	备注	校验码 52118 02817 08248 65196

收款人：　　复核：陈挺　　开票人：徐梓涵　　销售方：（章）

税总函[202X]××号×××公司

第三联：发票联　购买方记账凭证

图 3-5-11　水费发票

表 3-5-3　水电费分配表

编制部门：财务部　　　　2023 年 2 月 28 日

部门名称	分配标准（办公面积）	分配总额（元）	分配率	分配金额（元）
综合部	20 平方米		20%	176
财务部	20 平方米		20%	176
采购部	10 平方米		10%	88
销售部	50 平方米		50%	440
合计	100 平方米	880	100%	880

据此编制的记账凭证如图 3-5-12 所示。

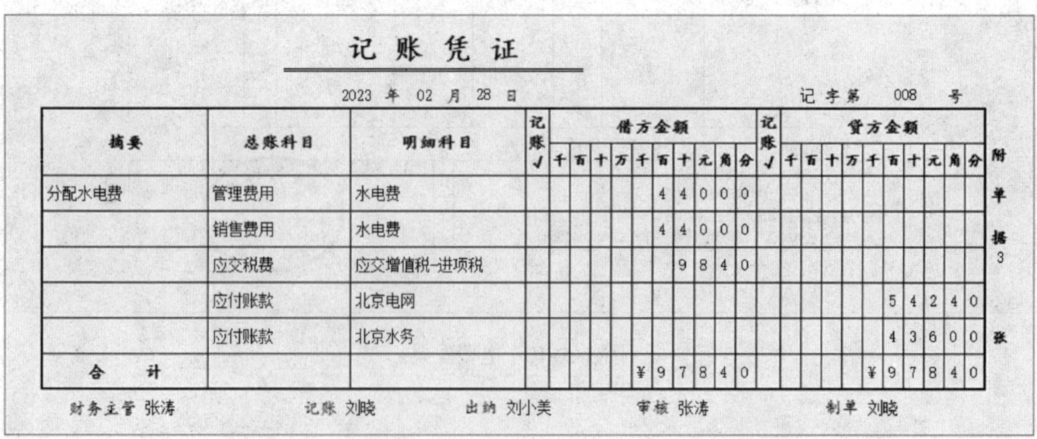

记账凭证

2023 年 02 月 28 日　　　　记字第 008 号

摘要	总账科目	明细科目	记账√	借方金额 千	百	十	万	千	百	十	元	角	分	记账√	贷方金额 千	百	十	万	千	百	十	元	角	分
分配水电费	管理费用	水电费							4	4	0	0	0											
	销售费用	水电费							4	4	0	0	0											
	应交税费	应交增值税-进项税								9	8	4	0											
	应付账款	北京电网																		5	4	2	4	0
	应付账款	北京水务																		4	3	6	0	0
合计								¥	9	7	8	4	0						¥	9	7	8	4	0

附单据 3 张

财务主管 张涛　　记账 刘晓　　出纳 刘小美　　审核 张涛　　制单 刘晓

图 3-5-12　分配水电费的记账凭证

会计人员根据“记字第 006 号”凭证记账，见表 3–5–4 和表 3–5–5。

表 3–5–4　其他应收款明细账

第____页

二级科目或明细科目　李丽

2023 年		凭证		摘要	借方										贷方										借或贷	余额									
月	日	种类	号数		千	百	十	万	千	百	十	元	角	分	千	百	十	万	千	百	十	元	角	分		千	百	十	万	千	百	十	元	角	分
02	16	记	006	李丽预借差旅费					3	0	0	0	0	0											借					3	0	0	0	0	0

表 3–5–5　银行存款日记账

开户行：工行北京市晋元路支行

账号：9986144634641645340

2023 年		记账凭证		对方科目	摘要	结算凭证		借方										贷方										借或贷	余额									
月	日	字	号			种类	号码	千	百	十	万	千	百	十	元	角	分	千	百	十	万	千	百	十	元	角	分		千	百	十	万	千	百	十	元	角	分
02	01	记	001		收到股东投资	转支	0257			6	0	0	0	0	0	0	0											借			6	0	0	0	0	0	0	0
02	02	记	002		借款	借据	9919			2	0	0	0	0	0	0	0											借			8	0	0	0	0	0	0	0
02	16	记	006		李丽预借差旅费	网银	7181															3	0	0	0	0	0	借			7	9	7	0	0	0	0	0

会计人员根据“记字第 007 号”凭证记账，见表 3–5–6 至表 3–5–9。

表 3–5–6　销售费用明细账

总第______页　　分第______页

____级科目编号及名称____________

____级科目编号及名称____________

2023 年		凭证		摘要	借方									贷方									借或贷	余额									（借）方金额分析																										
																																	差旅费																										
月	日	种类	号数		百	十	万	千	百	十	元	角	分	百	十	万	千	百	十	元	角	分		百	十	万	千	百	十	元	角	分	百	十	万	千	百	十	元	角	分	百	十	万	千	百	十	元	角	分	百	十	万	千	百	十	元	角	分
02	19	记	007	报销李丽差旅费				2	0	2	0	1	7																							2	0	2	0	1	7																		

表 3–5–7　“应交税费——应交增值税”明细账

2023 年		凭证号数	摘要	借方							贷方					余额
月	日			合计	进项税额	销项税额抵减	已交税金	减免税款	出口抵减内销产品应纳税额	转出未交增值税	合计	销项税额	出口退税	进项税额转出	转出多交增值税	
02	03	记 003	采购面包等	46 800.00	46 800.00											−46 800.00
02	15	记 004	销售面包等								81 900.00	81 900.00				35 100.00
02	19	记 007	报销李丽差旅费	119.83	119.83											34 980.17

表 3-5-8　库存现金日记账

2023 年		记账凭证		对方科目	摘要	借方										贷方										√	余额									
月	日	字	号			千	百	十	万	千	百	十	元	角	分	千	百	十	万	千	百	十	元	角	分		千	百	十	万	千	百	十	元	角	分
02	19	记	007		报销李丽差旅费						8	6	0	0	0																	8	6	0	0	0

表 3-5-9　其他应收款明细账

第___页

二级科目或明细科目　李丽

2023 年		凭证		摘要	借方										贷方										借或贷	余额									
月	日	种类	号数		千	百	十	万	千	百	十	元	角	分	千	百	十	万	千	百	十	元	角	分		千	百	十	万	千	百	十	元	角	分
02	16	记	006	李丽预借差旅费					3	0	0	0	0	0											借					3	0	0	0	0	0
02	19	记	007	报销李丽差旅费															3	0	0	0	0	0	平								0	0	0

会计人员根据“记字第 008 号”凭证记账，见表 3-5-10 至表 3-5-14。

表 3-5-10　管理费用明细账

总第______页　　分第______页

______级科目编号及名称______

______级科目编号及名称______

2023 年		凭证		摘要	借方									贷方									借或贷	余额									（借）方金额分析																										
																																	水电费																										
月	日	种类	号数		百	十	万	千	百	十	元	角	分	百	十	万	千	百	十	元	角	分		百	十	万	千	百	十	元	角	分	百	十	万	千	百	十	元	角	分	百	十	万	千	百	十	元	角	分	百	十	万	千	百	十	元	角	分
02	28	记	008	分配水电费					4	4	0	0	0																								4	4	0	0	0																		

表 3-5-11　销售费用明细账

总第______页　　分第______页

______级科目编号及名称______

______级科目编号及名称______

2023 年		凭证		摘要	借方									贷方									借或贷	余额									（借）方金额分析																										
																																	差旅费									水电费																	
月	日	种类	号数		百	十	万	千	百	十	元	角	分	百	十	万	千	百	十	元	角	分		百	十	万	千	百	十	元	角	分	百	十	万	千	百	十	元	角	分	百	十	万	千	百	十	元	角	分	百	十	万	千	百	十	元	角	分
02	19	记	007	报销李丽差旅费				2	0	2	0	1	7																							2	0	2	0	1	7																		
02	28	记	008	分配水电费					4	4	0	0	0																																	4	4	0	0	0									

表 3-5-12 “应交税费——应交增值税”明细账

2023年		凭证号数	摘要	借方							贷方					余额
月	日			合计	进项税额	销项税额抵减	已交税金	减免税款	出口抵减内销产品应纳税额	转出未交增值税	合计	销项税额	出口退税	进项税额转出	转出多交增值税	
02	03	记 003	采购面包等	46 800.00	46 800.00											–46 800.00
02	15	记 004	销售面包等								81 900.00	81 900.00				35 100.00
02	19	记 007	报销李丽差旅费	119.83	119.83											34 980.17
02	28	记 008	分配水电费	98.40	98.40											34 881.77

表 3-5-13 应付账款明细账 1

第___页

二级科目或明细科目 北京电网

2023年		凭证		摘要	借方										贷方										借或贷	余额									
月	日	种类	号数		千	百	十	万	千	百	十	元	角	分	千	百	十	万	千	百	十	元	角	分		千	百	十	万	千	百	十	元	角	分
02	28	记	008	分配水电费																5	4	2	4	0	借						5	4	2	4	0

表 3-5-14 应付账款明细账 2

第___页

二级科目或明细科目 北京水务

2023年		凭证		摘要	借方										贷方										借或贷	余额									
月	日	种类	号数		千	百	十	万	千	百	十	元	角	分	千	百	十	万	千	百	十	元	角	分		千	百	十	万	千	百	十	元	角	分
02	28	记	008	分配水电费																4	3	6	0	0	贷						4	3	6	0	0

课堂练习

根据所学知识，在横线上填入适当的内容。

某公司采购部张某到财务部报销差旅费，其中火车票 545 元，飞机票 1 090 元，汽车票 103 元，可以抵扣的进项税额为____________元，应计入管理费用的金额为____________元。

第四章 期末业务处理

会计人员将企业所发生的日常经济业务全部登记入账后，在每个会计期末都需要完成一些特定的会计工作，这些工作被称为期末会计业务（简称期末业务），主要包括期末对账、依据权责发生制调整日常会计记录、损益结转和结账四类。

这四类业务应按顺序处理。只有对账无误，保证了会计日常记录的准确，在此基础上进行调整和损益结转才能保证正确。结转损益后，损益类账户的金额结转到“本年利润”账户，自身账户余额为零，才能进行结账。

学习目标

【知识目标】

1. 熟悉会计期末的对账、财产清查、损益调整、损益结转、利润分配、结账等工作流程。

2. 掌握财产清查、损益调整、增值税结转、税费计提、损益结转的账务处理方法。

3. 熟悉会计档案的管理规定。

【能力目标】

1. 能够根据盘点结果填写盘点表，并进行账务处理。

2. 能够根据工资结算表和相关法规正确编制计提工资的记账凭证。

3. 能够根据日常业务记录和相关法规正确编制计提利息、计提税金及附加、结转损益的记账凭证。

【职业素养与思政素养目标】

1. 培养严谨认真的工作习惯。

2. 培养正确的权责观和社会责任感。

第一节 对账与财产清查

知识提要

企业需要定期对账，进行财产清查，以免发生错记、漏记等情况，保证企业实际拥有的财产既没有多记，也没有少记。

对账简而言之就是核对账目，其目的是确保会计记录的正确性。对账包括账证核对、账账核对和账实核对。

财产清查是对各项财产物资进行的实物盘点、账面核对以及对往来款项的查询核对，以确认账实是否相符。它是加强物资管理、监督财产完整性的重要手段。

对账与财产清查是企业内部控制体系的重要组成部分，对于维护企业财务健康、提升管理效率具有重要意义。

一、对账

对账就是指在一定期间内对账簿记录进行核对。为了保证各种账簿记录的完整性和正确性，为编制会计报表提供真实可靠的数据资料，必须做好对账工作，这是会计核算的一项重要内容。对账包括账证核对、账账核对、账实核对。

1. 账证核对

账证核对是指将各种账簿的记录与有关会计凭证进行核对。月末要对账簿记录和会计凭证进行核对，以便发现错误之处，并进行更正，这是保证账账、账实相符的基础。核对账证是否相符的主要方法如下：

（1）核对总账与记账凭证是否相符。

（2）核对明细账与相关的记账凭证及所附的原始凭证是否相符。

（3）核对日记账与相关的收付款凭证、原始凭证是否相符。

2. 账账核对

账账核对是指对各种账簿之间的有关数字进行核对。账账核对通常分四个步骤进行。

（1）核对总账中各账户金额是否相符。这一核对主要通过编制总账试算平衡表来完成。具体操作步骤如下：

1）从总账中将各账户的期初余额、本期借方发生额、本期贷方发生额及期末余额逐个抄算在试算平衡表中。注意不要出现遗漏，不要记错余额的借贷方向。

2）计算总账账户的期初借贷方余额合计数、本期借贷方发生额合计数和期末借贷方余额合计数。

3）检查计算出的各总账账户的期初借贷方余额合计数、本期借贷方发生额合计数和期末借贷方余额合计数是否相等。若相等，则说明总账记录是正确的，可以继续进行其他账簿的核对工作；若不相等，则说明在编制试算平衡表及登记总账的工作中存在错误，需要根据试算平衡表中提供的错误线索对相关账证资料进行检查，对查出的错误进行更正，直至试算平衡为止。

在学习中，可以用试算平衡表代替总账，将期初余额登记到试算平衡表中的期初余额栏，再通过丁字账户分别汇总当期各账户的发生额，并登记到试算平衡表的本期发生额栏中，最后在表中计算各账户期末余额。其中：

资产类账户期末余额 = 借方期初余额 + 借方发生额 – 贷方发生额

负债和所有者权益类账户的期末余额 = 贷方期初余额 + 贷方发生额 – 借方发生额

【例 4–1–1】涛涛公司 2024 年 2 月的一张试算平衡表见表 4–1–1。

（2）核对总账中“库存现金”“银行存款”账户的金额与库存现金日记账、银行存款日记账中的金额是否相符，需要由会计和出纳进行对账。

（3）核对总账中各账户与其所属各明细账户的金额是否相符。

（4）明细账和资产的保管部门应和资产的使用部门进行核对。例如，登记材料明细账的会计在核对完总账后，就要和库存管理员核对有关账目。

3. 账实核对

账实核对是指将各种财产物资的账面余额与实存数额相核对。账实核对是对账工作最重要的一个环节，也是工作量最大的一个环节。在此环节，通常需要进行财产清查工作。

表 4-1-1　试算平衡表

编制单位：北京涛涛商贸有限责任公司　　2024 年 2 月 29 日　　单位：元

账户性质	会计科目	期初余额		本期发生额		期末余额	
		借方	贷方	借方	贷方	借方	贷方
资产类	库存现金			860.00		860.00	
	银行存款			800 000.00	3 000.00	797 000.00	
	应收账款			711 900.00		711 900.00	
	其他应收款			3 000.00	3 000.00	0.00	
	库存商品			360 000.00	315 000.00	45 000.00	
	固定资产			400 000.00		400 000.00	
负债类	短期借款				200 000.00		200 000.00
	应付账款				407 778.40		407 778.40
	应交税费			47 018.23	81 900.00		34 881.77
所有者权益类	实收资本				1 000 000.00		1 000 000.00
收入类	主营业务收入				630 000.00		630 000.00
费用类	主营业务成本			315 000.00		315 000.00	
	管理费用			440.00		440.00	
	销售费用			2 460.17		2 460.17	
合计		0.00	0.00	2 640 678.40	2 640 678.40	2 272 660.17	2 272 660.17

二、财产清查

财产清查是指通过对实物、现金进行盘点，对银行存款和债权、债务进行核对，确定各项财产物资、货币资金及往来款项的实存数额，并查明实存数额与账存数额是否相符的一种专门方法。财产清查不仅是一种重要的会计核算方法，也是财产物资管理制度的重要内容。

1. 财产清查的一般程序

财产清查工作涉及面广、工作量大。为保证财产清查工作顺利进行，应科学合理地安排工作。财产清查的一般程序如下：

（1）成立财产清查小组，组织清查人员学习有关政策规定，掌握有关业务知识，以提高财产清查工作质量。

（2）确定清查对象、范围，明确清查任务。

（3）研究制订财产清查计划，准备必要的工具。

（4）按照先清查数量、核对有关账簿记录，后认定质量的原则进行清查。

（5）填制盘存单。

（6）根据盘存单填制实物、往来账款清查结果报告表等。

2. 实物的清查

对于各种实物如原材料、在产品、产成品、固定资产等，都要从数量和质量上进行清查。

（1）实物清查的方法

实物的形态、体积、重量、堆放方式等不尽相同，所采用的清查方法也不相同。清查方法一般有实地盘点法和技术推算法两种。

1）实地盘点法。实地盘点法是通过逐一清点或使用计量器具来确定实物实有数的方法。采用这种方法的优点是数字准确、可靠，清查质量高，但工作量大。这种方法适用于可以逐一点数、检尺、过磅的实物的清查。大多数物资都可以使用这种方法清查。

2）技术推算法。技术推算法是利用技术方法对财产物资的实存数进行推算的一种方法。这种方法适用于大量成堆、难以逐一清点的财产物资，如露天堆放的煤炭、建筑所需的沙子等。

（2）实物清查的要求

在实物清查过程中，实物保管人员和清查人员必须同时在场，以明确经济责任。对各项财产物资的清查结果，应逐一如实地登记在盘存单上，并由实物保管人员和清查人员同时签字或盖章。盘存单一式三份，一份由清查人员留存备查，一份交由实物保管人员保存，一份交由财务部门与账面记录核对。盘存单是记录各项财产物资实存数量的书面证明，也是财产清查工作的原始凭证之一。

【例 4–1–2】2023 年 2 月末，涛涛公司对存货进行盘点，根据盘点结果填写的盘存单见表 4–1–2。

表 4–1–2　盘存单

单位名称：北京涛涛商贸有限责任公司　盘点时间：2 月 28 日　　编号：001

财产类别：存货　　存放地点：商品库　　金额单位：元

编号	名称	计量单位	数量	单价	金额	备注
1	水果面包	个	4 800	5	24 000	
2	肉松面包	个	5 100	4	20 400	

单位负责人：刘涛　　财务主管：张涛　　盘点人：刘晓　　保管人：安欣

为了进一步查明盘点结果与账面结存余额是否一致，确定盘盈或盘亏情况，还应根据盘存单和有关账簿记录，编制账存实存对比表（见表 4–1–3）。账存实存对比表是用以调整账簿记录的重要原始凭证，也是分析差异产生原因、明确经济责任的依据。

表 4-1-3　账存实存对比表

单位名称：北京涛涛商贸有限责任公司　　　　2023 年 2 月 28 日
财产类别：存货　　　　金额单位：元

编号	名称	单位	单价	实存		账存		对比结果			
								盘盈		盘亏	
				数量	金额	数量	金额	数量	金额	数量	金额
1	水果面包	个	5	4 800	24 000	5 000	25 000			200	1 000
2	肉松面包	个	4	5 100	20 400	5 000	20 000	100	400		

单位负责人：刘涛　　财务主管：张涛　　盘点人：刘晓　　保管人：安欣

（3）实物清查结果的处理

清查结果有三种情况：一是账存数与实存数相符；二是账存数大于实存数，即盘亏；三是账存数小于实存数，即盘盈。对于清查中出现的盘盈、盘亏，必须根据国家有关政策、法规和财经制度，按规定的程序报批后再进行处理。

1）查明差异，分析原因。对于清查中发现的账实不符现象，无论溢缺，均应进行认真深入的调查，分析原因，明确经济责任，提出处理意见，按规定的程序报请有关部门审批处理。

2）加强管理，完善制度。对于清查中发现的资产管理方面存在的各种问题，应根据具体情况及时处理。例如：对超储积压、呆滞物资，要尽早处理，除尽量在生产过程中有效利用外，还要组织对外推销；对储备不足的物资，应提请有关部门采购；对逾期应收、应付账款，应及时组织催收或安排还款；对有争议的往来款项，要检查凭证，查明原因。同时，要根据管理中存在的问题，提出改善措施，进一步完善以岗位责任制为核心的财产管理制度，保护财产的安全完整。

3）调整账簿记录，保证账实相符。为了保证账实相符，应及时调整账簿记录，具体账务处理分两步：

第一步，对已查明盘盈、盘亏的财产物资，根据有关的原始凭证编制记账凭证，登记入账，将财产物资的账存数调整为实存数，使账实相符。

第二步，待各种财产物资的盘盈、盘亏按规定程序报批处理后，根据盘盈、盘亏的性质、原因、处理意见，编制记账凭证，将财产物资的盘盈、盘亏金额结转入有关账户。

为了反映和监督各种财产物资的盘盈、盘亏及处理转销情况，需设置“待处理财产损益”账户。该账户借方用来登记财产物资的盘亏数，以及盘盈财产物资的转销数；贷方用来登记财产物资的盘盈数，以及盘亏财产物资的转销数。对企业的财产损益应查明原因，在期末结账前处理完毕，处理后该账户应无余额。相关科目应按盘盈、盘亏的资产种类和项目设置明细账，进行明细核算。

发生存货盘盈时，按盘盈存货价值借记“原材料”“库存商品”等科目，贷记“待处理财产损益”科目。按规定报批处理后，借记“待处理财产损益”科目，贷记“管理费用”等科目。

发生存货盘亏时，应按盘亏存货价值借记“待处理财产损益”科目，贷记“原材料”“库存商品”等科目。按规定程序报批处理后，贷记“待处理财产损益”科目。对于可收回的部分残料，借记“原材料”科目；由过失人或保险公司赔偿的部分借记“其他应收款”科目；属于一般经营损失的部分，借记“管理费用”科目；属于非常损失的部分，借记“营业外支出”科目，同时贷记“待处理财产损益”科目。

【例 4-1-3】2023 年 2 月 28 日，为了保证账实相符，涛涛公司根据账存实存对照表编制记账凭证，如图 4-1-1 所示。

记 账 凭 证

2023 年 02 月 28 日　　　　记字第 009 号

摘要	总账科目	明细科目	记账√	借方金额										记账√	贷方金额										附单据
				千	百	十	万	千	百	十	元	角	分		千	百	十	万	千	百	十	元	角	分	
存货盘点	待处理财产损益	待处理流动财产损益							6	0	0	0	0												1 张
	库存商品	肉松面包							4	0	0	0	0												
	库存商品	水果面包																	1	0	0	0	0	0	
合　计							¥	1	0	0	0	0	0					¥	1	0	0	0	0	0	

财务主管 张涛　　记账 刘晓　　出纳 刘小美　　审核 张涛　　制单 刘晓

图 4-1-1　存货盘点的记账凭证

需要说明的是，“待处理财产损益”账户属于过渡性账户。过渡性账户是便于填写会计报表项目而设置的账户。例如，损益类账户就是为填写利润表而人为设置的账户。该类账户增减本身没有方向，需要先判断对应账户方向。如果对应账户方向为借，根据“有借必有贷”原则，则“待处理财产损益”账户方向只能是贷。

本例中，需要先确定“库存商品”账户的方向，“库存商品——水果面包”减少 1 000 元记录在贷方，“库存商品——肉松面包”增加 400 元记录在借方，抵销后“库存商品”账户实际余额 600 元记录在贷方，则“待处理财产损益”账户金额只能记录在借方。

同时，根据记账凭证和所属原始凭证登记相关账簿（见表 4-1-4）。

表 4–1–4 待处理财产损益明细账

第____页

二级科目或明细科目 待处理流动财产损益

2023年		凭证		摘 要	借方										贷方										借或贷	余额									
月	日	种类	号数		千	百	十	万	千	百	十	元	角	分	千	百	十	万	千	百	十	元	角	分		千	百	十	万	千	百	十	元	角	分
02	28	记	009	存货盘点						6	0	0	0	0											借						6	0	0	0	0

水果面包结存 4 800 个，与实际相符，相关明细账见表 4–1–5。

表 4–1–5 库存商品明细账 1

第 1 页

规 格 ________ 编 号 ________ 储备定额 ________ 类 别 食品类 最高储存量 ________

名 称 水果面包 计量单位 个 计划单位 ________ 存放地点 商品库 最低储存量 ________

2023年		凭证		摘要	收入												发出												结存											
月	日	种类	号数		数量	单价	金额										数量	单价	金额										数量	单价	金额									
							千	百	十	万	千	百	十	元	角	分			千	百	十	万	千	百	十	元	角	分			千	百	十	万	千	百	十	元	角	分
02	03	记	003	采购面包等	40 000	5			2	0	0	0	0	0	0	0													40 000	5			2	0	0	0	0	0	0	0
02	15	记	005	结转销售成本													35 000	5			1	7	5	0	0	0	0	0	5 000	5				2	5	0	0	0	0	0
02	28	记	009	存货盘点													200	5					1	0	0	0	0	0	4 800	5				2	4	0	0	0	0	0

肉松面包为 5 100 个，与实际相符，相关明细账见表 4–1–6。

表 4–1–6 库存商品明细账 2

第____页

规 格 ________ 编 号 ________ 储备定额 ________ 类 别 食品类 最高储存量 ________

名 称 肉松面包 计量单位 个 计划单位 ________ 存放地点 商品库 最低储存量 ________

2023年		凭证		摘要	收入												发出												结存											
月	日	种类	号数		数量	单价	金额										数量	单价	金额										数量	单价	金额									
							千	百	十	万	千	百	十	元	角	分			千	百	十	万	千	百	十	元	角	分			千	百	十	万	千	百	十	元	角	分
02	03	记	003	采购面包等	40 000	4			1	6	0	0	0	0	0	0													40 000	4			1	6	0	0	0	0	0	0
02	15	记	005	结转销售成本													35 000	4			1	4	0	0	0	0	0	0	5 000	4				2	0	0	0	0	0	0
02	28	记	009	存货盘点	100	4						4	0	0	0	0													5 100	4				2	0	4	0	0	0	0

【例 4–1–4】接上例。经调查，盘盈的 100 个肉松面包为供应商北京美味食品公司因疏忽多发的货物。经与该公司协商，抵销下次发货数量。盘亏的 200 个水果面包是由于运输原因导致，运输公司承诺赔偿 700 元，剩余 300 元经公司领导批准计入管理费用。

涛涛公司会计据此编制了相关凭证（原始凭证略），如图 4–1–2 所示。

3. 库存现金的清查

库存现金的清查包括人民币和各种外币的清查，都是采用实地盘点的方法，即通过点票数来确定现金的实存数，再与库存现金日记账的账面余额进行核对，以查明账实是否相符及盈亏情况。

现金的收支业务十分频繁，容易出现差错，出纳需要每日清查并不定期地专门

记 账 凭 证

2023 年 02 月 28 日　　　　记字第 010 号

摘要	总账科目	明细科目	记账√	借方金额（千百十万千百十元角分）	记账√	贷方金额（千百十万千百十元角分）
结转盘点损益	其他应收款	运输公司		70000		
	管理费用	盘点损耗		30000		
	其他应付款	北京美味食品				40000
	待处理财产损益	待处理流动财产损益				60000
合　计				¥100000		¥100000

附单据 1 张

财务主管 张涛　　记账 刘晓　　出纳 刘小美　　审核 张涛　　制单 刘晓

图 4-1-2　结转盘点损益的记账凭证

清查。每日终了，出纳都应将库存现金日记账的账面余额与现金的实存数进行核对，做到账款相符。专门班子清查盘点时，出纳必须在场。现钞应逐张查点，还应注意有无违反现金管理制度的现象，如“白条”抵库、随意挪用等现象。

盘点结束后，应根据盘点结果编制库存现金盘点报告表，并由盘点人员和出纳签章。库存现金盘点报告表兼有盘存单和账存实存对比表的作用，是反映库存现金实有数和调整账簿记录的重要原始凭证。其一般格式见表 4-1-7。

表 4-1-7　库存现金盘点报告表

单位名称：　　　　年　　月　　日　　　　单位：元

实存金额	账存金额	对比结果		备注
		盘盈	盘亏	

盘点人：　　　　出纳：

4. 银行存款的清查

银行存款的清查采用与开户银行核对账目的方法，即将单位的银行存款日记账与开户银行送来的对账单逐笔进行核对，以查明银行存款的收入、付出和结余的记录是否正确。

如果企业银行存款日记账余额与银行对账单余额不一致，其主要原因一般有两个。一是某一方账目发生错误，二是产生了未达账项。未达账项是指企业与银行之间对于同一项业务，由于取得凭证的时间不一致、记账时间不一致而发生的一方已取得结算凭证且已登记入账，另一方由于未取得结算凭证尚未登记入账的款项。未达账项有以下四种情况：

（1）企业已收，银行未收。

（2）企业已付，银行未付。

（3）银行已收，企业未收。

（4）银行已付，企业未付。

上述任何一种未达账项存在，都会使银行存款日记账余额与银行对账单的余额不一致。因此，在核对账目时，必须注意有无未达账项。如果发现有未达账项，应编制银行存款余额调节表，以便检验双方的账面余额是否一致。

银行存款余额调节表的编制方法是，在企业银行存款日记账和开户银行对账单各自账面余额的基础上，分别补记对方已记账而本方尚未记账的未达账项，然后验证调节后双方的余额是否相等。若调节后企业与开户银行双方的余额是相等的，说明双方记账无误。否则，说明记账有错误，应查明错误，予以更正。

【例 4-1-5】涛涛公司 2023 年 2 月银行存款日记账及银行对账单分别见表 4-1-8 和表 4-1-9。

表 4-1-8　银行存款日记账

开户行：工行北京市晋元路支行
账号：9986144634641645340

2023年		记账凭证		对方科目	摘要	结算凭证		借方										贷方										借或贷	余额									
月	日	字	号			种类	号码	千	百	十	万	千	百	十	元	角	分	千	百	十	万	千	百	十	元	角	分		千	百	十	万	千	百	十	元	角	分
02	01	记	001		收到股东投资	转支	0257			6	0	0	0	0	0	0	0											借			6	0	0	0	0	0	0	0
02	02	记	002		借款	借据	9919			2	0	0	0	0	0	0	0											借			8	0	0	0	0	0	0	0
02	16	记	006		李丽预借差旅费	网银	7181															3	0	0	0	0	0	借			7	9	7	0	0	0	0	0

表 4-1-9　银行对账单

户名：　　　　　　　　　　　　　　　　　　　　　　　　第　1　页
账号：　　　　　　　　2023 年 02 月 28 日止　　　　　　利率：0.3%

日期	摘要	结算凭证		借方	贷方	余额
		种类	号数			
2023 年 02 月 01 日	期初余额					0.00
2023 年 02 月 01 日	投资				600,000.00	600,000.00
2023 年 02 月 02 日	借款				200,000.00	800,000.00
2023 年 02 月 15 日	网银支付			3,000.00		797,000.00

5. 往来款项的清查

往来款项主要包括应收账款、应付账款、其他应收款、其他应付款以及预收、预付账款等。

往来款项一般采用函证的方式，与往来客户相互核对，以确认往来款项的情况。在核对往来款项前应将本单位账目核对清楚，确认无误后，将每一往来客户的明细账抄录成一式两份对账单，寄送给往来客户，供其核对。客户核对无误后，应将其中一份盖章后寄回。若核对时发现差异，应将差异情况在寄回的对账单中注明，以供进一步检查核对。在收到对方回函后，应填制往来账项清查表（见表 4–1–10 至表 4–1–12）。

表 4–1–10　往来账项清查表 1

总分类科目：应收账款

单位：北京涛涛商贸有限责任公司　　日期：2023 年 2 月 28 日　　单位：元

明细账户		清查结果		核对不符原因分析			备注
单位（个人）名称	金额	核对相符金额	核对不符金额	未达账项金额	有争议账项金额	其他	
北京店小二超市	711 900	711 900					

表 4–1–11　往来账项清查表 2

总分类科目：其他应收款

单位：北京涛涛商贸有限责任公司　　日期：2023 年 2 月 28 日　　单位：元

明细账户		清查结果		核对不符原因分析			备注
单位（个人）名称	金额	核对相符金额	核对不符金额	未达账项金额	有争议账项金额	其他	
运输公司	700	700					

表 4–1–12　往来账项清查表 3

总分类科目：应付账款

单位：北京涛涛商贸有限责任公司　　日期：2023 年 2 月 28 日　　单位：元

明细账户		清查结果		核对不符原因分析			备注
单位（个人）名称	金额	核对相符金额	核对不符金额	未达账项金额	有争议账项金额	其他	
北京美味食品公司	406 800	406 800					
北京电网	542.4	542.4					
北京水务	436	436					

通过清查往来款项，企业可以及时催收应收款项，避免和减少坏账损失的发生。对于双方有争议的款项，如果确实无法收回或无须偿还，应按有关规定及时进行账务处理。

思政小课堂

存货盘点须尽责

自2014年起，獐子岛集团股份有限公司（以下简称“獐子岛”）多次公告其养殖的虾夷扇贝因自然灾害等原因大量死亡或失踪，导致公司业绩巨亏的事件，引发市场广泛关注和质疑。证监会调查发现，“獐子岛”存在财务造假、信息披露违规等问题，相关责任人被处罚。该事件成为A股市场上一桩典型的财务造假案例。而大华会计师事务所作为“獐子岛”2016年度会计报表的审计机构，却出具了标准无保留意见审计报告。

大华会计师事务所在识别出消耗性生物资产具有较高的错报风险，且以往年度存在大规模核销减值、“獐子岛”抽盘比例较低的情况下，本应更加审慎，严格执行相关程序。但大华会计师事务所未充分考虑“獐子岛”存货的特殊性并制订合理的监盘计划，未规范执行监盘程序，未对底播虾夷扇贝的存在和状况获取充分、适当的审计证据，导致未能发现部分区域底播虾夷扇贝已被实施采捕，相关存货不存在，以及“獐子岛”实际采捕区域与账面记载严重不一致的情况。

由于大华会计师事务所出具的审计报告存在虚假记载，审计时未勤勉尽责，证监会于2023年对其进行了处罚，责令其改正，没收其相关业务收入并处以巨额罚款。两名相关注册会计师也被警告，并分别被处以5万元的罚款。

第二节 期末调整

知识提要

在年末等会计期末，企业通常需要把过去一段时间里的收入和支出等核算清楚。但由于权责发生制和收付实现制的差异，往往需要对某些会计记录进行必要调整，以确保本期应得的收入和应负担的费用得到正确划分，从而准确计算各期的损益，考核各会计期间的财务成果。

会计期末调整包括对应计收入、应计费用、预计收入、预付费用等账项的确认和调整，主要涉及计提工资、利息、税金及附加、折旧等业务。

一、需要进行期末调整的业务

在企业会计实务中，往往先取得原始凭证才开始记账，但是有些原始凭证在当期无法取得。例如，前期支付的房租，发票和付款单据都不在当期取得，当期就没有原始凭证。而按照规定，企业在确认和记录经济活动的时候要依据权责发生制原则，只要影响收入和费用的经济活动发生了，不管是否实现了货币资金的收付，都要确认为当期的收入和费用。例如，企业当期使用了租的房子，即使没有原始凭证也要记账。这类需要记账而又没有原始凭证的业务，通常是权责发生制和收付实现制的差异导致的。

如果业务已发生，收付已实现，这种情况一般不需要调整。

如果业务已发生，而收付未实现（未在本期实现），应区分以下情况。

1. 已获得相关债权、债务的凭证。例如，销售货物虽未收款但已开具发票，采购货物虽未付款但已取得发票。这类业务有原始凭证，日常也记账了，不需要调整。

2. 当期没有获得明确的具有法律效力的凭证，平时无法记账，需要在期末进行调整。

根据谨慎性原则，会计工作中不确认预计可能发生的收益。因此，如果没有明确的证据，通常不会填制预计收入的记账凭证。

3. 与费用相关的业务已经发生，相对应的款项本期未支付，以后支付，这种情况一般称为计提，如计提工资、计提税金、计提利息、计提坏账准备、计提存货跌价准备、计提维修费用等。

4. 与费用相关的业务已经发生，相对应的款项前期已经支付，本期不需要支付，这种情况一般称为摊销，如无形资产摊销、装修费摊销等。但也有个别例外。固定资产折旧实质是前期购买、付款，本期摊销，但习惯上称为计提折旧。

二、计提工资

大部分企业通常在下月月初发放当月工资，但是由于工资要用于支付当月的劳务费用，所以必须在当月进行工资核算并填制工资结算表，否则会造成利润虚高。因此，财务人员在月末需要计提工资。

企业为获得职工提供的劳动而给予各种形式的报酬以及其他相关支出，都要通过“应付职工薪酬”账户核算。企业不仅要向员工支付工资，还应当为员工缴纳社会保险费、住房公积金。其中养老保险费、医疗保险费、失业保险费、住房公积金由企业和员工共同负担。工伤保险费和生育保险费由企业独自负担，员工不用负担。

企业给员工支付的薪酬，作为对员工当期劳动的补偿，一般不会带来未来的收益，通常应计入费用。例如，管理人员的工资要计入管理费用，销售人员的工资要计入销售费用。但生产工人和车间管理人员的工资与产品形成有直接关系，因此应计入生产成本和制造费用，最后结转到库存商品上。

典型会计分录如下：

1. 计提工资的会计分录

借：管理费用（管理人员的工资、奖金、社会保险费、福利费等）

　　销售费用（销售人员的工资、奖金、社会保险费、福利费等）

　　制造费用（生产管理人员的工资、奖金、社会保险费、福利费等）

　　生产成本（生产工人的工资、奖金、社会保险费、福利费等）

　　贷：应付职工薪酬——工资（或社会保险费、住房公积金、福利费等）

2. 发放工资、福利，缴纳社会保险费、住房公积金等的会计分录

借：应付职工薪酬——工资

　　贷：银行存款

【例 4-2-1】涛涛公司根据工资结算表（见表 4-2-1）编制相应的记账凭证。其中，采购部、综合部、财务部等属于管理部门。

表 4-2-1　工资结算表

2023 年 02 月 28 日　　单位：元

部门	姓名	基本工资	岗位津贴	奖金	交通补助	应扣工资		应付工资	代扣款项						实发工资
						请假扣款	缺勤扣款		养老保险	医疗保险	失业保险	住房公积金	个人所得税	合计	
综合部	刘涛	5 000	1 000		100			6 100	488	122	61	732		1 403	4 697
采购部	安欣	5 000	500		100			5 600	448	112	56	672		1 288	4 312
财务部	张涛	5 000	500		100			5 600	448	112	56	672		1 288	4 312
财务部	刘晓	4 000	500		100			4 600	368	92	46	552		1 058	3 542
销售部	李丽	5 000	1 000		100			6 100	488	122	61	732		1 403	4 697
销售部	高强	4 000	500		100			4 600	368	92	46	552		1 058	3 542
销售部	孟钰	4 000	500		100			4 600	368	92	46	552		1 058	3 542
销售部	李响	4 000	500		100			4 600	368	92	46	552		1 058	3 542
合计		36 000	5 000		800			41 800	3 344	836	418	5 016		9 614	32 186

总经理：刘涛　　财务主管：张涛　　审核：刘晓　　制表：刘小美

注：表中数据仅为示例，实务中的计提比例应依据政策确定。

尽管员工实际收到的工资是 32 186 元，但企业真实负担的工资是 41 800 元。企业从工资中扣除的养老保险费、医疗保险费、失业保险费和住房公积金（即“三险一金”）等，实际由员工自己负担，企业只是代扣。因此，计提工资的金额应该按照“应付工

资”项目所列的金额计算。

相应的记账凭证如图 4–2–1 和图 4–2–2 所示。

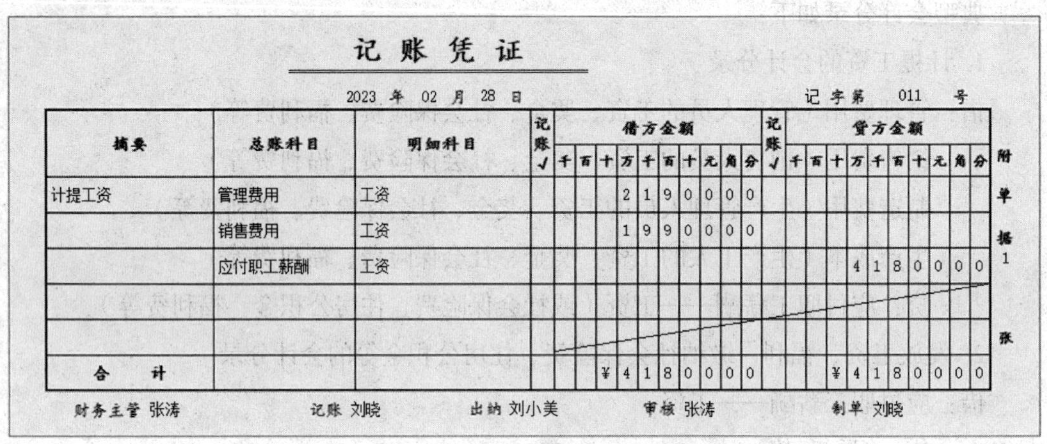

记 账 凭 证

2023 年 02 月 28 日　　　　记 字第 011 号

摘要	总账科目	明细科目	记账√	借方金额	记账√	贷方金额
计提工资	管理费用	工资		2190000		
	销售费用	工资		1990000		
	应付职工薪酬	工资				4180000
合　计				¥4180000		¥4180000

附单据 1 张

财务主管 张涛　记账 刘晓　出纳 刘小美　审核 张涛　制单 刘晓

图 4–2–1　计提工资的记账凭证

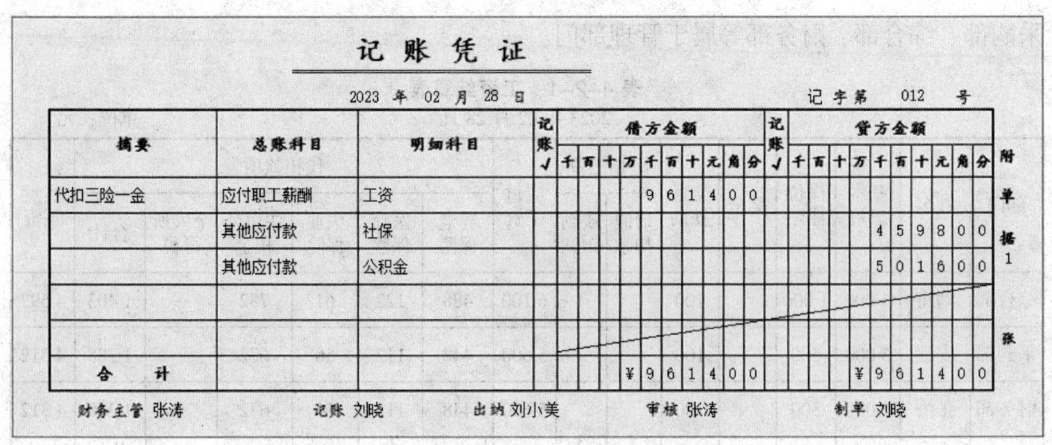

记 账 凭 证

2023 年 02 月 28 日　　　　记 字第 012 号

摘要	总账科目	明细科目	记账√	借方金额	记账√	贷方金额
代扣三险一金	应付职工薪酬	工资		961400		
	其他应付款	社保				459800
	其他应付款	公积金				501600
合　计				¥961400		¥961400

附单据 1 张

财务主管 张涛　记账 刘晓　出纳 刘小美　审核 张涛　制单 刘晓

图 4–2–2　计提“三险一金”的记账凭证

相关的“五险一金”分配表见表 4–2–2。

表 4–2–2　“五险一金”分配表

2023 年 02 月 28 日　　　　单位：元

账户	成本项目	应发合计	养老保险	医疗保险	失业保险	工伤保险	生育保险	住房公积金
管理费用		21 900	4 380	2 190	219	219	109.50	2 628
销售费用		19 900	3 980	1 990	199	199	99.50	2 388
合计		41 800	8 360	4 180	418	418	209	5 016

审核：张涛　　　　制单：刘晓

注：表中数据仅为示例，实务中的计提比例应依据政策确定。

相应的记账凭证如图 4–2–3 所示。

记 账 凭 证

2023 年 02 月 28 日　　　　记字第 013 号

摘要	总账科目	明细科目	记账√	借方金额（千百十万千百十元角分）	记账√	贷方金额（千百十万千百十元角分）
计提单位负担五险一金	管理费用	五险一金		974550		
	销售费用	五险一金		885550		
	应付职工薪酬	社保				1358500
	应付职工薪酬	公积金				501600
合　计				¥1860100		¥1860100

附单据 1 张

财务主管 张涛　　记账 刘晓　　出纳 刘小美　　审核 张涛　　制单 刘晓

图 4–2–3　计提单位负担“五险一金”的记账凭证

三、计提利息

企业从银行取得借款后，如果利息是当期支付就不用计提，直接计入财务费用。相应的会计分录如下：

借：财务费用

　　贷：银行存款

如果利息是还本时支付，或者按季度支付，需要计提当期应负担的利息。通常利率为年利率，因此计算月利息时需要除以 12，计算公式如下：

$$月利息 = 借款金额 \times 利率（年）\div 12$$

【例 4–2–2】2023 年 2 月 1 日，涛涛公司从银行取得 20 万元借款，期限为 6 个月，年利率为 6%，利息、本金到期一起支付。至会计期末，需要计算 2 月份负担的利息。

$$利息 =200\,000 \times 6\% \div 12=1\,000（元）$$

据此得到表 4–2–3。

表 4–2–3　银行借款利息计算表

2023 年 02 月 28 日

借款名称	借款金额	计息月份	借款利率	借款利息
短期借款	200 000.00	2	6%	1 000.00
合计				1 000.00

财务主管：张涛　　　　制单：刘晓　　　　复核：张涛

相应的记账凭证如图 4-2-4 所示。

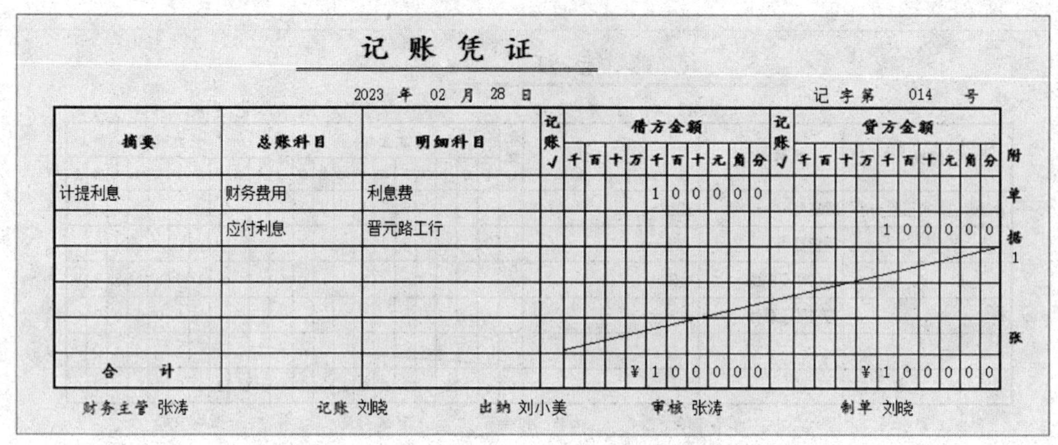

记 账 凭 证

2023 年 02 月 28 日　　　　记字第 014 号

摘要	总账科目	明细科目	记账√	借方金额										记账√	贷方金额									
				千	百	十	万	千	百	十	元	角	分		千	百	十	万	千	百	十	元	角	分
计提利息	财务费用	利息费						1	0	0	0	0	0											
	应付利息	晋元路工行																	1	0	0	0	0	0
合　计							¥	1	0	0	0	0	0					¥	1	0	0	0	0	0

附单据 1 张

财务主管 张涛　记账 刘晓　出纳 刘小美　审核 张涛　制单 刘晓

图 4-2-4　计提利息的记账凭证

四、计提税金及附加等

“税金及附加”账户是一个费用类账户，用于核算企业当期应该缴纳的各类税费，如消费税、城市维护建设税、资源税、教育费附加、城镇土地使用税、车船税、印花税等。

1. 结转增值税

增值税属于价外税，已经减少了收入，因此不需要记入“税金及附加”账户。但“应交税费——应交增值税”账户下面有很多三级明细账户，不便于阅读。为了方便阅读，月末需要将“应交税费——应交增值税”账户的余额转出，转到“应交税费——未交增值税”账户中。这样“应交税费——未交增值税”账户就可以表示企业和税务部门真实的债权债务情况。

如果“应交税费——应交增值税”账户余额在贷方，表示企业欠税务部门增值税，需要在会计分录中将余额写到自身账户的借方，这样才能保证“应交税费——应交增值税”账户的期末余额为 0。相关会计分录如下：

借：应交税费——应交增值税——转出未交增值税

　　贷：应交税费——未交增值税

如果“应交税费——应交增值税”账户余额在借方，表示税务部门欠企业增值税（当期进项税额过多导致），需要在会计分录中将余额写到自身账户的借方，这样才能保证“应交税费——应交增值税”账户的期末余额为 0。相关会计分录如下：

借：应交税费——未交增值税

　　贷：应交税费——应交增值税——转出未交增值税

对于结转类会计分录，应先判断转出账户结转前的余额方向。填写记账凭证时，转出账户与自身余额方向相反。例如，“应交税费——应交增值税”账户余额转出前余额在贷方，则记账凭证“应交税费——应交增值税”方向应为借，其对应账户“应交税费——未交增值税”只能写在凭证的借方。

【例 4-2-3】2023 年 2 月底，涛涛公司“应交税费——应交增值税”账户情况见表 4-2-4。

表 4-2-4 “应交税费——应交增值税”明细账

2023 年		凭证号数	摘要	借方							贷方					余额
月	日			合计	进项税额	销项税额抵减	已交税金	减免税款	出口抵减内销产品应纳税额	转出未交增值税	合计	销项税额	出口退税	进项税额转出	转出多交增值税	
02	03	记 003	采购面包等	46 800.00	46 800.00											−46 800.00
02	15	记 004	销售面包等								81 900.00	81 900.00				35 100.00
02	19	记 007	报销李丽差旅费	119.83	119.83											34 980.17
02	28	记 008	分配水电费	98.40	98.40											34 881.77

“应交税费——应交增值税”账户为负债类账户，该账户默认的余额方向为贷。余额为正数表示贷方余额，余额为负数表示借方余额。上表中该账户余额为 34 881.77 元，表示在贷方，企业下月应缴纳 34 881.77 元增值税。

根据“应交税费——应交增值税”账目编制应交增值税计算表（见表 4-2-5）。

表 4-2-5 应交增值税计算表

2023 年 02 月 28 日　　单位：元

项目	进项税额	销项税额	进项税额转出	本月应交增值额
金额	47 018.23	81 900.00		34 881.77

审核：张涛　　制单：刘晓

相应的记账凭证如图 4-2-5 所示。

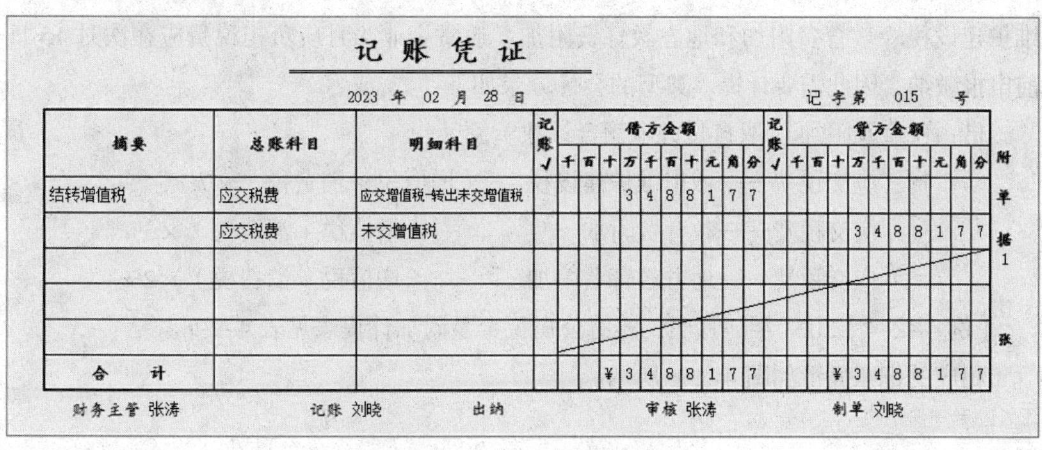

记 账 凭 证

2023 年 02 月 28 日　　记 字第 015 号

摘要	总账科目	明细科目	记账√	借方金额	记账√	贷方金额
结转增值税	应交税费	应交增值税-转出未交增值税		3488177		
	应交税费	未交增值税				3488177
合　计				¥3488177		¥3488177

附单据 1 张

财务主管 张涛　记账 刘晓　出纳　审核 张涛　制单 刘晓

图 4-2-5 结转增值税的记账凭证

将凭证登记到账簿后，“应交税费——应交增值税”账户余额为零，见表 4–2–6。

表 4–2–6 “应交税费——应交增值税”明细账

2023 年		凭证号数	摘要	借方							贷方					余额
月	日			合计	进项税额	销项税额抵减	已交税金	减免税款	出口抵减内销产品应纳税额	转出未交增值税	合计	销项税额	出口退税	进项税额转出	转出多交增值税	
02	03	记 003	采购面包等	46 800.00	46 800.00											–46 800.00
02	15	记 004	销售面包等								81 900.00	81 900.00				35 100.00
02	19	记 007	报销李丽差旅费	119.83	119.83											34 980.17
02	28	记 008	分配水电费	98.40	98.40											34 881.77
02	28	记 015	结转增值税	34 881.77						34 881.77						0.00

企业对税务部门的负债体现在“应交税费——未交增值税”账户上，这样更方便阅读，见表 4–2–7。

表 4–2–7 应交税费明细账

第____页

二级科目或明细科目 未交增值税

2023 年		凭证		摘要	借方										贷方										借或贷	余额									
月	日	种类	号数		千	百	十	万	千	百	十	元	角	分	千	百	十	万	千	百	十	元	角	分		千	百	十	万	千	百	十	元	角	分
2	28	记	15	结转增值税														3	4	8	8	1	7	7	贷				3	4	8	8	1	7	7

2. 计提税金及附加

如果企业需要缴纳增值税或消费税，就需要根据两者合计数，按一定比例缴纳城市维护建设税、教育费附加和地方教育费附加。通常企业当月应负担税费应在次月 15 日前申报缴纳，因此需要计提。典型的会计分录如下：

借：税金及附加（取自贷方金额合计数）

　　贷：应交税费——城市维护建设税　　（增值税 + 消费税）× 7%

　　　　应交税费——教育费附加　　　　（增值税 + 消费税）× 3%

　　　　应交税费——地方教育费附加　　（增值税 + 消费税）× 2%

【例 4–2–4】2023 年 2 月底，涛涛公司税金及附加计提表见表 4–2–8。

相应的记账凭证如图 4–2–6 所示。

表 4–2–8　税金及附加计提表

2023 年 02 月 28 日　　　　单位：元

应交税费明细项目	计算依据	计税金额	税率	应纳税额	备注
城市维护建设税	增值税	34 881.77	7%	2 441.72	
教育费附加	增值税	34 881.77	3%	1 046.45	
地方教育费附加	增值税	34 881.77	2%	697.64	
合计				4 185.81	

复核：张涛　　　　制单：刘晓

记 账 凭 证

2023 年 02 月 28 日　　　　记 字第 016 号

摘要	总账科目	明细科目	记账√	借方金额	记账√	贷方金额
计提税金及附加	税金及附加			418581		
	应交税费	城市维护建设税				244172
	应交税费	教育费附加				104645
	应交税费	地方教育费附加				69764
合　计				¥418581		¥418581

附单据 1 张

财务主管 张涛　　记账 刘晓　　出纳 刘小美　　审核 张涛　　制单 刘晓

图 4–2–6　计提税金及附加的记账凭证

五、计提折旧

企业在生产经营过程中使用固定资产而使其损耗，导致其价值减少，仅余一定的残值。其原值与残值之差应在其使用年限内分摊，这就是固定资产折旧。由于固定资产在使用中实物形态变化不大，所以在使用中不减少“固定资产”账户的金额，而是增加“累计折旧”账户的金额。“累计折旧”账户金额的增加就表示固定资产价值的减少。

1. 计提折旧的时间范围

当月新增的固定资产不计提折旧，当月处置的设备计提折旧。例如，某公司股东于 2023 年 2 月投入公允价值为 40 万元的仓库，当月不需要计提折旧，而应从次月也就是 3 月开始计提折旧。

2. 计提折旧空间范围

固定资产无论是否使用，其价值随着技术的进步和时间的流逝都会减少，因此应计提折旧。但以下两类固定资产存在特殊情况。

（1）已经提足折旧，仍继续使用的设备不计提折旧。

例如，某公司的某辆汽车预计使用 4 年，便按 4 年计提折旧。可到第 5 年的时候，该公司仍能继续使用这辆车，就不需要计提折旧了。

（2）单独计价入账的土地不计提折旧。

3. 计提折旧的价值范围

大部分固定资产在使用到期后可以出售，从而获得经济利润，因此固定资产在企业中的价值消耗（也就是折旧）应当扣除预计处置固定资产时带来的净收益。

关于计提折旧的价值范围有以下公式：

$$\text{计提折旧的价值范围} = \text{固定资产原值} - \text{预计净残值}$$

$$\text{预计净残值} = \text{固定资产原值} \times \text{预计净残值率}$$

根据上式可知：

$$\begin{aligned}\text{计提折旧的价值范围} &= \text{固定资产原值} - \text{固定资产原值} \times \text{预计净残值率} \\ &= \text{固定资产原值} \times (1 - \text{预计净残值率})\end{aligned}$$

4. 计提折旧的方法

计提固定资产折旧有年限平均法、工作量法、年数总和法和双倍余额递减法四种方法。初学者掌握前两种方法即可。

（1）年限平均法

年限平均法是将固定资产的应计提折旧额均衡地分摊到固定资产预计使用年限内的一种方法，又称直线法。采用这种方法计算的每期折旧额相等。计算公式如下：

$$\text{年折旧额} = \frac{\text{固定资产原值} - \text{预计净残值}}{\text{预计使用年限}}$$

（2）工作量法

工作量法是根据实际工作量计算每期应计提折旧额的一种方法。计算公式如下：

$$\text{单位工作量折旧额} = \text{固定资产原值} \times (1 - \text{预计净残值率}) \div \text{预计总工作量}$$

$$\text{某项固定资产月折旧额} = \text{该项固定资产当月工作量} \times \text{单位工作量折旧额}$$

【例 4-2-5】某公司购入一辆价格为 10 万元的汽车，由管理部门使用。该车预计使用 5 年，能行驶 50 万千米，预计净残值率为 5%。该车次月行驶 5 000 千米。采用不同方法计提折旧的结果如下：

1. 采用年限平均法计算

$$年折旧额=100\ 000\times(1-5\%)\div 5=19\ 000（元）$$

$$月折旧额=19\ 000\div 12\approx 1\ 583.33（元）$$

2. 采用工作量法计算

$$每千米折旧额=100\ 000\times(1-5\%)\div 500\ 000=0.19（元/千米）$$

$$当月折旧额=5\ 000\times 0.19=950（元）$$

5. 会计核算

固定资产折旧会减少固定资产的价值，是一种利益流出。固定资产使用部门不同，记入的会计科目也不同。相关会计分录如下：

借：管理费用——折旧费（管理部门使用的固定资产）

　　销售费用——折旧费（销售部门使用的固定资产）

　　制造费用——折旧费（生产车间使用的固定资产）

　　贷：累计折旧

【例 4-2-6】接上例，由于该汽车由管理部门使用，所以相关会计分录为：

借：管理费用——折旧费　　950　（按工作量法计算）

　　贷：累计折旧　　950

思政小课堂

坚守职业道德，拒绝不当调整

某上市公司为维持其股价稳定并吸引更多投资者，连续多年通过虚构销售合同、提前确认收入以及过度计提存货跌价准备等手段，人为夸大利润，隐瞒实际亏损情况。最终，这一行为被监管部门发现并调查，公司不仅被处以巨额罚款，相关高管也因涉嫌财务造假被追究刑事责任，企业形象一落千丈。

会计中计提和摊销的基本原则是基于权责发生制，即当经济业务的责任与权利已经发生，无论款项是否已经收付，都应当作为当期的收入和费用进行确认和记录。这一原则确保了会计信息的及时性和准确性，能够更客观、真实地反映企业的财务状况和经营成果，为投资者、债权人及其他利益相关者提供决策所需的重要信息。

然而，一些不法企业出于特殊目的，如粉饰会计报表、掩盖经营问题或逃避税收等，不按照会计准则的规定，擅自计提或隐瞒某些准备金，以调节利润或资产价值，从而在账面上制造虚假的财务健康状态。更为严重的是，有些企业通过故意滥用会计估计，如随意调整坏账准备的计提比例、固定资产的折旧年限或预计净残值率等，操纵利润，以达到特定的财务目标或市场预期。

上述行为不仅严重违背了会计职业道德中的诚实守信原则，破坏了市场经济的公平竞争环境，还可能对投资者造成误导，损害其合法权益。当这种操纵行为达到一定程度，涉嫌虚构财务数据、欺诈上市或逃税漏税时，就有可能触犯刑法，如构成诈骗罪、逃税罪等，相关责任人员将面临法律的严厉制裁。

第三节 利润的形成及分配

知识提要

会计分期分为月、季度、半年和年，每个分期都要计算经营成果，所以通常每月都要将损益结转到“本年利润”账户，计算当月的利润。

计算企业当期利润的方法有表结法和账结法两种。

一、利润形成与利润分配概述

计算企业当期利润，有表结法和账结法两种方法。

采用表结法时，应先填写利润表，再根据利润表计算利润。这种方法虽然简单，但无法从账上看到利润，因此大多数企业都采用账结法。

采用账结法时，在期末将所有损益类账户的余额结转到“本年利润”账户中，相互抵销后形成利润。同时，损益类账户的期末余额都为0，到下一个会计期开始重新累计。

年底时，“本年利润”账户的余额也需要结转到“利润分配——未分配利润”账户中，结转后“本年利润”账户的余额也为0。需要注意的是，企业当年无论是赢利还是亏损，都需要将该账户余额结转到“利润分配——未分配利润”账户中，如图4-3-1所示。

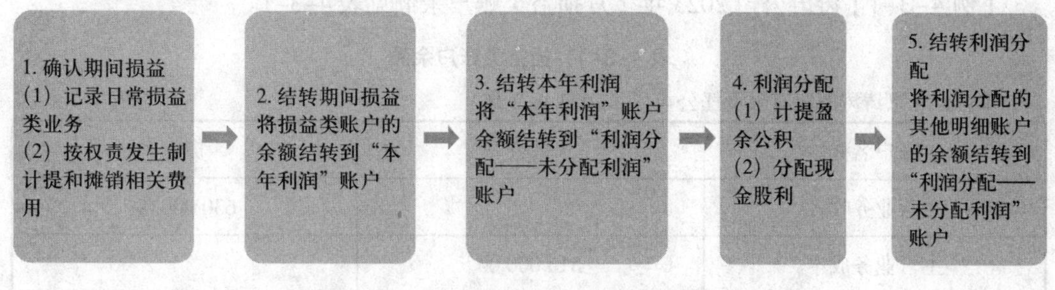

图 4-3-1　利润形成与利润分配的核算步骤

二、确认期间损益

为了解当期经营成果，需要平时确认并记录当期涉及收入、费用的业务，但是有些涉及收入和费用的业务平时缺少相应的原始凭证，需要根据权责发生制进行调整，如计提利息、计提折旧、计提税金等，只有这样才能保证当期损益类账户是完整的，且利润计算是准确的。

三、结转期间损益

依据权责发生制进行调整后，损益类账户是完整的，但损益分散记录在“主营业务收入”“其他业务收入”“营业外收入”“投资收益”“主营业务成本”“其他业务成本”“税金及附加”“管理费用”“销售费用”“财务费用”等账户中，不便于了解当期盈利和亏损，因此需要将当期全部损益类账户的余额结转到“本年利润”账户中。

损益类账户实际上属于过渡性账户，期末需要将这类账户的余额转入对应账户，通常期末没有余额。另外，为了保证自身账户期末余额为 0，转出时要编写与本账户余额方向相反的会计分录。

例如，“主营业务收入”账户余额结转前在贷方，结转的时候就需要借记“主营业务收入”账户。根据“有借必有贷”的记账规则，对应账户“本年利润”中的金额就应记到贷方。

1. 结转当期收益

“主营业务收入”账户等损益类账户平时发生额在贷方，余额需要结转到自身账户相反的方向也就是借方，这样“本年利润”账户的金额就只能记录在贷方。相关会计分录如下：

借：主营业务收入（转出方，方向与结转前余额的所在方向相反）
　　其他业务收入
　　营业外收入等
　　贷：本年利润（转入方，方向与转出方向相反，金额来自转出方）

【例 4–3–1】涛涛公司 2023 年 2 月损益类账户余额见表 4–3–1。

表 4–3–1　损益类账户余额

单位：北京涛涛商贸有限责任公司　　2023 年 2 月　　单位：元

账户名称	借方	贷方
主营业务收入		630 000.00
主营业务成本	315 000.00	
税金及附加	4 185.81	
管理费用	32 385.50	
销售费用	31 215.67	
财务费用	1 000.00	

相应的记账凭证如图 4–3–2 所示。

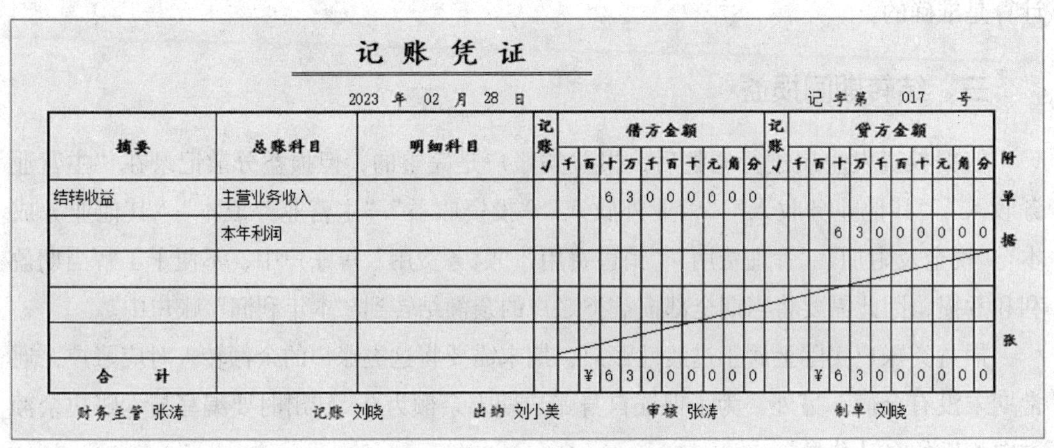

记 账 凭 证

2023 年 02 月 28 日　　　　记 字第 017 号

摘要	总账科目	明细科目	记账√	借方金额（千百十万千百十元角分）	记账√	贷方金额（千百十万千百十元角分）
结转收益	主营业务收入			63000000		
	本年利润					63000000
合　计				￥63000000		￥63000000

附单据　张

财务主管 张涛　　记账 刘晓　　出纳 刘小美　　审核 张涛　　制单 刘晓

图 4–3–2　结转收益的记账凭证

记账后，“主营业务收入”账户余额为零，见表 4–3–2。

表 4–3–2　主营业务收入明细账

总第______页　　分第______页

______级科目编号及名称 ______________

______级科目编号及名称 ______________

2023 年 月	日	凭证 种类	号数	摘要	借方（百十万千百十元角分）	贷方（百十万千百十元角分）	借或贷	余额（百十万千百十元角分）	（贷）方金额分析 水果面包（百十万千百十元角分）	（贷）方金额分析 肉松面包（百十万千百十元角分）	（贷）方金额分析 （空白）（百十万千百十元角分）
02	15	记	004	销售面包等		63000000		63000000	35000000	28000000	
02	28	记	017	结转收益	63000000			000			

记账后，“本年利润”账户余额在贷方，见表 4–3–3。

表 4–3–3　本年利润明细账

第____页

二级科目或明细科目 ________________

2023 年		凭证		摘要	借方										贷方										借或贷	余额									
月	日	种类	号数		千	百	十	万	千	百	十	元	角	分	千	百	十	万	千	百	十	元	角	分		千	百	十	万	千	百	十	元	角	分
2	28	记	017	结转收益													6	3	0	0	0	0	0	0											

2. 结转成本、费用、税金及附加

“主营业务成本”账户等损益类账户平时发生额在借方，余额需要结转到相反的方向也就是贷方，这样“本年利润”账户的金额就只能记录在借方。相关会计分录如下：

借：本年利润 （转入方 , 方向与转出方向相反，金额来自转出方）

　　贷：主营业务成本（转出方 , 方向与结转前余额的所在方向相反）

　　　　其他业务成本

　　　　税金及附加

　　　　管理费用

　　　　销售费用

　　　　财务费用（等）

【例 4–3–2】2023 年 2 月 28 日，涛涛公司结转成本、费用、税金及附加，相关记账凭证如图 4–3–3 所示。

记 账 凭 证

2023 年 02 月 28 日　　　　记字第 018 号

摘要	总账科目	明细科目	记账√	借方金额										记账√	贷方金额									
				千	百	十	万	千	百	十	元	角	分		千	百	十	万	千	百	十	元	角	分
结转成本、费用、税金及附加	本年利润					3	8	3	7	8	6	9	8											
	主营业务成本																3	1	5	0	0	0	0	0
	税金及附加																		4	1	8	5	8	1
	管理费用																	3	2	3	8	5	5	0
	销售费用																	3	1	2	1	5	6	7
	财务费用																		1	0	0	0	0	0
合　计					¥	3	8	3	7	8	6	9	8			¥	3	8	3	7	8	6	9	8

附单据　张

财务主管 张涛　　记账 刘晓　　出纳 刘小美　　审核 张涛　　制单 刘晓

图 4–3–3　结转成本、费用、税金及附加的记账凭证

相关主营业务成本明细账见表 4–3–4，税金及附加明细账见表 4–3–5，管理费用明细账见表 4–3–6，销售费用明细账见表 4–3–7，财务费用明细账见表 4–3–8，本年利润明细账见表 4–3–9。

表 4–3–4 主营业务成本明细账

总第____页　　分第____页

____级科目编号及名称____________

____级科目编号及名称____________

2023年		凭证		摘要	借方									贷方									借或贷	余额									（借）方金额分析																										
																																	水果面包									肉松面包																	
月	日	种类	号数		百	十	万	千	百	十	元	角	分	百	十	万	千	百	十	元	角	分		百	十	万	千	百	十	元	角	分	百	十	万	千	百	十	元	角	分	百	十	万	千	百	十	元	角	分	百	十	万	千	百	十	元	角	分
02	15	记	005	结转销售成本		3	1	5	0	0	0	0	0												3	1	5	0	0	0	0	0		1	7	5	0	0	0	0	0		1	4	0	0	0	0	0	0									
02	28	记	018	结转成本、费用、税金及附加											3	1	5	0	0	0	0	0								0	0	0																											

表 4–3–5 税金及附加明细账

第____页

二级科目或明细科目 ____________

2023年		凭证		摘要	借方										贷方										借或贷	余额									
月	日	种类	号数		千	百	十	万	千	百	十	元	角	分	千	百	十	万	千	百	十	元	角	分		千	百	十	万	千	百	十	元	角	分
2	28	记	016	计提税金及附加					4	1	8	5	8	1																					
2	28	记	018	结转成本、费用、税金及附加															4	1	8	5	8	1	平								0	0	0

表 4–3–6 管理费用明细账

总第____页　　分第____页

____级科目编号及名称____________

____级科目编号及名称____________

2023年		凭证		摘要	借方									贷方									借或贷	余额									（借）方金额分析																										
																																	水电费									盘点损耗									工资、社保及公积金								
月	日	种类	号数		百	十	万	千	百	十	元	角	分	百	十	万	千	百	十	元	角	分		百	十	万	千	百	十	元	角	分	百	十	万	千	百	十	元	角	分	百	十	万	千	百	十	元	角	分	百	十	万	千	百	十	元	角	分
02	28	记	008	分配水电费					4	4	0	0	0															4	4	0	0	0					4	4	0	0	0																		
02	28	记	010	结转盘点损益					3	0	0	0	0															7	4	0	0	0														3	0	0	0	0									
02	28	记	011	计提工资			2	1	9	0	0	0	0													2	2	6	4	0	0	0																					2	1	9	0	0	0	0
02	28	记	013	计提五险一金				9	7	4	5	5	0													3	2	3	8	5	5	0																						9	7	4	5	5	0
02	28	记	018	结转成本、费用、税金及附加												3	2	3	8	5	5	0								0	0	0																											

表 4-3-7 销售费用明细账

总第____页 分第____页

____级科目编号及名称 ____________

____级科目编号及名称 ____________

2023年		凭证		摘要	借方									贷方									借或贷	余额									（借）方金额分析：差旅费									水电费									工资、社保等								
月	日	种类	号数		百	十	万	千	百	十	元	角	分	百	十	万	千	百	十	元	角	分		百	十	万	千	百	十	元	角	分	百	十	万	千	百	十	元	角	分	百	十	万	千	百	十	元	角	分	百	十	万	千	百	十	元	角	分
02	19	记	007	报销李丽差旅费				2	0	2	0	1	7														2	0	2	0	1	7				2	0	2	0	1	7																		
02	28	记	008	分配水电费					4	4	0	0	0														2	4	6	0	1	7														4	4	0	0	0									
02	28	记	011	分配工资			1	9	9	0	0	0	0													2	2	3	6	0	1	7																					1	9	9	0	0	0	0
02	28	记	013	计提五险一金				8	8	5	5	5	0													3	1	2	1	5	6	7																						8	8	5	5	5	0
02	28	记	018	结转成本、费用、税金及附加												3	1	2	1	5	6	7								0	0	0																											

表 4-3-8 财务费用明细账

总第____页 分第____页

____级科目编号及名称 ____________

____级科目编号及名称 ____________

2023年		凭证		摘要	借方									贷方									借或贷	余额									（借）方金额分析：利息									手续费									其他								
月	日	种类	号数		百	十	万	千	百	十	元	角	分	百	十	万	千	百	十	元	角	分		百	十	万	千	百	十	元	角	分	百	十	万	千	百	十	元	角	分	百	十	万	千	百	十	元	角	分	百	十	万	千	百	十	元	角	分
02	28	记	014	计提利息				1	0	0	0	0	0														1	0	0	0	0	0				1	0	0	0	0	0																		
02	28	记	018	结转成本、费用、税金及附加													1	0	0	0	0	0	平							0	0	0																											

表 4-3-9 本年利润明细账

第____页

二级科目或明细科目 ____________

2023年		凭证		摘要	借方										贷方										借或贷	余额									
月	日	种类	号数		千	百	十	万	千	百	十	元	角	分	千	百	十	万	千	百	十	元	角	分		千	百	十	万	千	百	十	元	角	分
2	28	记	017	结转收益													6	3	0	0	0	0	0	0	贷			6	3	0	0	0	0	0	0
2	28	记	018	结转成本、费用、税金及附加			3	8	3	7	8	6	9	8											贷			2	4	6	2	1	3	0	2

结转后，损益类账户余额为零，方便下一会计期间从零开始累计。“本年利润”账户余额反映了相应会计期间的累计盈亏情况。如果余额在贷方，表示当期赢利了；如果余额在借方，表示当期亏损了。

3. 计提并结转所得税费用

如果企业赢利了，需要缴纳企业所得税。从会计角度看，企业所得税费用应依据利润计算（实际需要根据税务政策进行调整），因此需要根据当期的利润和适用的所得税税率来计提。相关会计分录如下：

借：所得税费用

　　贷：应交税费——应交企业所得税

“所得税费用”账户也是损益类账户，其余额也需要结转到“本年利润”账户中。相关会计分录如下：

借：本年利润（转入方，金额来自转出方）

　　贷：所得税费用（转出方，金额来自平时账户的余额）

【例 4-3-3】2023 年 2 月底，涛涛公司应交所得税计算表见表 4-3-10。

表 4-3-10　应交所得税计算表

2023 年 02 月 28 日　　　　单位：元

项目	本期利润总额	所得税税率	本期应交所得税
金额	246 213.02	25%	61 553.26

审核：张涛　　　　制单：刘晓

据此填制的记账凭证如图 4-3-4 和图 4-3-5 所示。

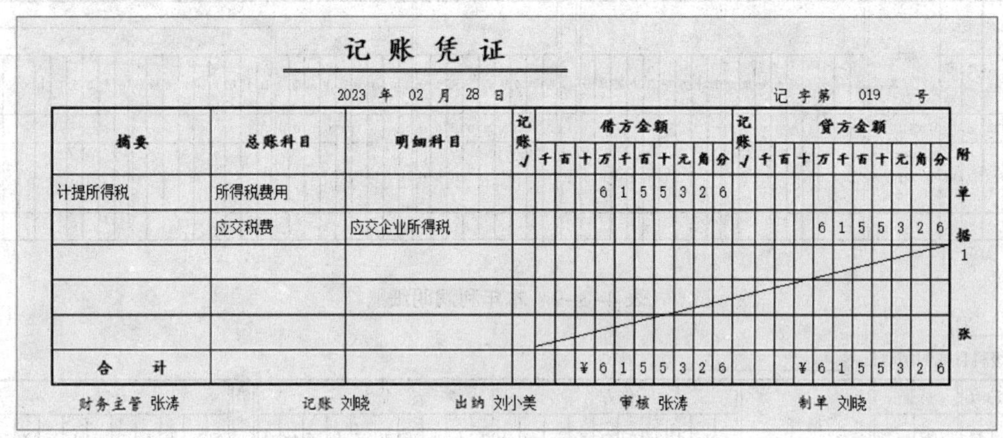

记 账 凭 证

2023 年 02 月 28 日　　　　记 字第 019 号

摘要	总账科目	明细科目	记账√	借方金额 千	百	十	万	千	百	十	元	角	分	记账√	贷方金额 千	百	十	万	千	百	十	元	角	分
计提所得税	所得税费用						6	1	5	5	3	2	6											
	应交税费	应交企业所得税																6	1	5	5	3	2	6
合　计						¥	6	1	5	5	3	2	6				¥	6	1	5	5	3	2	6

附单据 1 张

财务主管 张涛　记账 刘晓　出纳 刘小美　审核 张涛　制单 刘晓

图 4-3-4　计提所得税的记账凭证

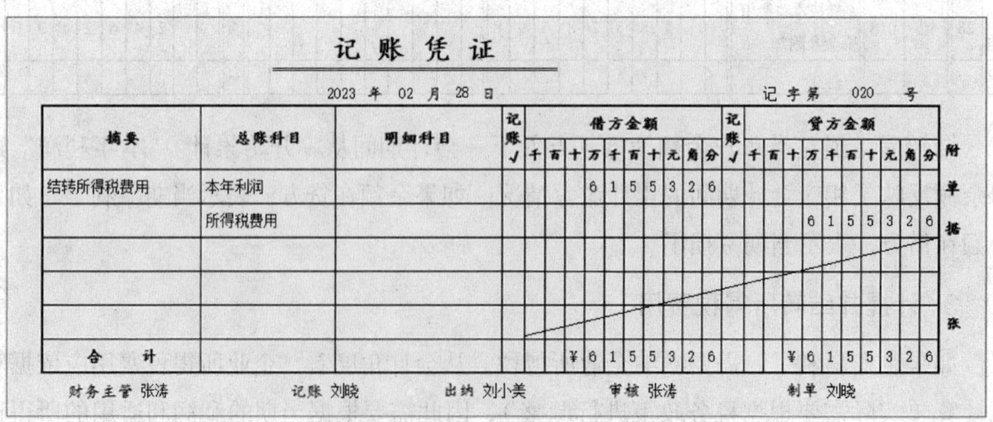

记 账 凭 证

2023 年 02 月 28 日　　　　记 字第 020 号

摘要	总账科目	明细科目	记账√	借方金额 千	百	十	万	千	百	十	元	角	分	记账√	贷方金额 千	百	十	万	千	百	十	元	角	分
结转所得税费用	本年利润						6	1	5	5	3	2	6											
	所得税费用																	6	1	5	5	3	2	6
合　计						¥	6	1	5	5	3	2	6				¥	6	1	5	5	3	2	6

附单据 张

财务主管 张涛　记账 刘晓　出纳 刘小美　审核 张涛　制单 刘晓

图 4-3-5　结转所得税费用的记账凭证

四、结转本年利润

“本年利润”账户只核算一个年度的损益情况。到年底时，“本年利润”账户的余额需要结转到“利润分配——未分配利润”账户中，则该账户年末余额为 0，下一年度重新开始记录。

如果企业当年赢利，“本年利润”账户余额在贷方，则需要结转到借方，“利润分配——未分配利润”账户金额只能在贷方。相关会计分录如下：

借：本年利润

　　贷：利润分配——未分配利润（转入方，金额来自转出方）

亏损情况下，“本年利润”账户余额在借方。相关会计分录如下：

借：利润分配——未分配利润（转入方，金额来自转出方）

　　贷：本年利润

五、利润分配

1. 计提盈余公积

本年利润结转到“利润分配——未分配利润”账户后，首先需要按照弥补亏损后净利润的 10% 计提法定盈余公积，股东也可以根据企业的需要计提任意盈余公积。相关会计分录如下：

借：利润分配——计提法定盈余公积（过渡性账户，方向与对方账户相反）

　　　　　　　　计提任意盈余公积

　　贷：盈余公积——法定盈余公积（先确定实账户方向，属所有者权益类账户的，增加记录在贷方）

　　　　　　　　任意盈余公积

计提盈余公积的实质是限制股东当期过度分红。企业经营都有风险，如果企业将所有的盈利都分红了，那么以后遇到亏损的时候，可能发工资、支付货款都有困难。为了保护债权人的利益，法律规定企业应先计提法定盈余公积，盈余公积以后可以用于弥补亏损、转增实收资本和发放股利。

2. 宣告发放现金股利

计提盈余公积后，根据股东会等权力机构决定，企业可以发放现金股利。企业发放现金股利，会减少“利润分配——未分配利润”账户的金额，但为方便填制所有者权益（或股东权益）变动表，需要通过“利润分配——应付现金股利”账户过渡。相关会计分录如下：

借：利润分配——应付现金股利（过渡性账户，方向与对方账户相反）

贷：应付股利（先确定实账户方向，属于负债类账户的，增加记录在贷方）

六、结转利润分配

在完成计提盈余公积、宣告发放现金股利等利润分配事项后，需要将“利润分配”账户下各明细账户（除“利润分配——未分配利润”账户外）的余额进行结转，转入“利润分配——未分配利润”账户。相关会计分录如下：

借：利润分配——未分配利润 （转入方，金额来自转出方）

贷：利润分配——计提法定盈余公积

——计提任意盈余公积

——应付现金股利

结转后，“利润分配——未分配利润”账户的贷方余额反映企业历年累积的未分配利润。若为借方余额，则反映企业历年累积的未弥补亏损。通过这一步骤，能够清晰地在“利润分配——未分配利润”账户中体现企业最终的利润留存或亏损状况，为后续的财务分析、利润规划等提供准确的数据基础。

七、记账凭证（会计分录）记账方向判断规律

编制记账凭证是会计日常工作的主要内容之一，其中正确判断借贷方向很重要，其主要规律如下：

1. 资产类、费用类账户金额增加记录在借方，金额减少记录在贷方。负债类、所有者权益类、收入类账户金额增加记录在贷方，金额减少记录在借方。

2. 过渡性账户本身无方向，要先判断过渡性账户所对应账户的方向，过渡性账户与对应账户方向相反。例如，“待处理财产损益”账户属于过渡性账户，原材料盘盈的时候，“原材料”账户金额增加应记录到借方，则“待处理财产损益”账户只能记录在贷方。

（1）如对应账户在借方，则相关会计分录如下：

借：对应账户

贷：过渡性账户（金额取自对应账户）

（2）如对应账户在贷方，则相关会计分录如下：

借：过渡性账户（金额取自对应账户）

贷：对应账户

3. 对于结转类业务，如应交增值税结转、制造费用结转、损益结转、本年利润结转等，应先确定转出账户余额，记账凭证中转出账户发生额与余额方向相反。确定转出

账户方向后，转入账户方向与转出账户方向相反。

（1）如果结转前余额在贷方，相关会计分录如下：

借：转出账户（通常为结转前账户的余额）

　　贷：转入账户（金额取自转出方）

（2）如果结转前余额在借方，相关会计分录如下：

借：转入账户（金额取自转出方）

　　贷：转出账户（通常为结转前账户的余额）

第四节 结账与会计档案的管理

知识提要

企业都要定期结账，以核算一段期间的经营成果。结账时，需要按照规定的方法对该期间的账簿记录进行小结，结算出本期发生额合计数和余额，并将其余额结转至下期或者转入新账。结账时，应根据不同的会计期间和不同账户记录，分别采用不同的方法。

会计凭证、会计账簿和财务会计报告等材料统称为会计档案，它是非常重要的资料和证据。会计档案的整理、保管、查阅和销毁应有一套严格的制度。

一、结账

为了区分本期和下期，在期末需要结账。结账前需要人为假设所有业务活动都静止下来，这样才能核对出资产、负债的准确金额，计算当期的经营成果。

结账时，在将本期内所发生的经济业务全部登记入账并对账无误的基础上，按照规定的方法对该期的账簿记录进行小结，结算出本期发生额合计数和余额，并将其余额结转至下期或者转入新账。结账后如发现已结转期间有漏记或错记的记账凭证，不能更改已经结账期间的凭证、账簿，只能在发现当期进行前期差错更正。

习惯上将每年 1 月—11 月每月底的结账工作称为月结，将每年 12 月底的结账工作称为年结。

结账时，应根据不同的会计期间和不同账户记录，分别采用不同的方法。各类账户一般可按以下顺序分类进行结账。

1. 损益类账户

损益类账户期末一般无余额，期末结账主要对其发生额进行结计。损益类账户无论是总账账户还是明细账户，也无论其采用何种格式的账页，期末结账时均须结计本期发生额合计数和本年累计发生额合计数。结账的步骤如下：

（1）在本月最后一笔业务记录行下画一条通栏单红线。若采用的是三栏式账页，则结计出借贷方发生额；若采用的是多栏式账页，则结计出各栏目实际发生额，记入下一行相应金额栏内，在摘要栏注明“本月合计”字样，并在下面画一条通栏单红线。

（2）结计自年初起至本月末止的累计发生额。累计发生额应记入下一行相应金额栏内，并在摘要栏内注明“本年累计”字样。若是月结，在下面画通栏单红线；若是年结，则在下面画通栏双红线。

结账时在账簿中画红线，是为了突出有关数字，表示本期会计记录已截止或结束，并将本期与下期的记录明显区分开，因此必须画通栏红线，不能只在金额栏下画线。

结账时在不同账簿中可能会有一次至多次画线，月结时应全部画通栏单红线，表示本月记录结束，以下账页用以登记下一月份的相关经济业务。年结时除最后一次画线外，均应画通栏单红线。最后一次画线为通栏双红线，表示本年度会计记录结束，一般应更换新账簿并将本账簿中的期末余额结转入新账簿。

另外，若账簿中本期记录较为简单，有明显的本期发生额或本年累计发生额，则可将结计的当月合计数或当年累计数省略，直接画线即可。

例如，某企业采用全月一次汇总的科目汇总表账务处理程序，1 月份在总账“主营业务收入”账户中只有一条记录，其数据既是 1 月份的当月合计数，也是 1 月份的当年累计数，月结时则不必在账簿中再抄写相关内容，直接在该条记录下画通栏单红线即可。2 月份在总账“主营业务收入”账户又只有一条记录，其数据是 2 月份的当月合计数，但 2 月份的当年累计数需经过计算才能得出，月结时，不需抄写当月合计数，只需结计当年累计数，记入账户。若某账户当期无发生额，不需进行月结，年结时只需在下面画通栏双红线。

2. 库存现金日记账、银行存款日记账

为了加强对货币资金的管理，库存现金日记账、银行存款日记账须按日结计当日发生额，按月结计当月发生额，但不需结计当年累计发生额。

每日终了，先在当日最后一笔业务记录下画通栏单红线，结计出当日借贷方发生额，填在下一行的借贷方金额栏，在摘要栏内注明“本日合计”字样，并在下面画通栏单红线。

每月终了，在日结的基础上，结计出当月借贷方发生额，填在下一行的借贷方金额栏，在摘要栏内注明“本月合计”字样，并在下面画通栏单红线。

年末结账时，应在最后的“本月合计”行下面画通栏双红线。

3. 多栏式明细账中的有关账户

多栏式明细账中的损益类账户结账方法如前所述，其他类账户只需结计当期发生额，不需结计当年累计发生额。

多栏式明细账的结账分以下两种情况：

（1）期末无余额或账页中设有余额栏的多栏式明细账

1）在当月最后一笔业务记录下画一条通栏单红线。

2）结计出当期各栏目的实际发生额，记入下一行相应栏目内，在摘要栏内注明“本月合计”字样，并在下面画通栏单红线。年末结账时，在最后的“本月合计”行下面画通栏双红线。

（2）期末有余额且账页中未设余额栏的多栏式明细账

1）在本月最后一笔业务记录下画一条通栏单红线。

2）结计出当期各栏目的实际发生额，记入下一行相应栏目内，在摘要栏内注明“本月合计”字样，并在下面画通栏单红线。

3）结计出期末余额，记入下一行各栏目内，在摘要栏内注明“期末余额”字样，其下个账页继续登记下一月份的相关记录。若是年结，应在最后的“期末余额”行下面画通栏双红线。

4. 总账账户

总账账户中的损益类账户结账方法如前所述。其他类账户月结时既不需要结计当月合计数，也不需要结计当年累计数，但在年结时为了总括反映全年各项资金运动情况的全貌，核对账目，需结计全年发生额。因此，月结时，只需在账户的最后一条记录下画通栏单红线即可。年结时，先在该年最后一条记录下画通栏单红线，然后结计出借贷方当年发生额合计数，记入下行借贷方金额栏，在摘要栏内注明“本年合计”字样，并在下面画通栏双红线。

5. 其他账户

以上账户外的其他账户，如各项应收账款、应付账款明细账和各项财产物资明细账等，结账时既不需结计当月合计数，也不需结计当年累计数。因此，结账时只需画线即可，月结时画通栏单红线，年结时画通栏双红线。

6. 年末余额的结转

一般来讲，总账、日记账和大多数明细账应每年更换一次。但有些财产物资明细账和债权债务明细账，由于材料品种、规格和往来单位较多，更换新账工作量较大，所以也可以跨年度使用，不必每年都更换一次。各种备查账簿也可以连续使用。

当更换新账时，对旧账中有年末余额的账户，应将其余额结转至下年。结转的方法是，在旧账年结时所画双红线下行摘要栏内注明“结转下年”字样，将账户余额直接记入新账第一行余额栏，并在摘要栏内注明“上年结转”字样。结转余额时不需要编制记账凭证，也不需要将余额再记入本年账户的借方或贷方，使本年有余额的账户的余额结平。

课堂练习

将正确的选项填在括号内（单选）。

1. 月结时需要计算当月合计数与当年累计数的账簿为（　　）。

A. 库存现金日记账

B. 银行存款日记账

C. 应收账款明细账

D. 管理费用明细账

2. 月结时，需要在最后一笔业务记录下画（　　）。

A. 通栏单红线

B. 金额栏单红线

C. 通栏双红线

D. 金额栏双红线

3. 结账后若发现已结账期间存在记账差错，应当（　　）。

A. 直接在业务发生账期修改

B. 不作处理

C. 在发现期间作前期差错更正

D. 以上都可以

4. 年度更换新账时，如果该账户有余额，应该在新账第一节第一行摘要栏写上（　　）。

A.“结转下年”

B.“结转上年”

C.“期初余额”

D.“期末余额”

二、会计档案的管理

1. 会计档案及其内容

会计档案是指会计凭证、会计账簿和财务会计报告等会计核算专业材料，是记录和反映单位经济业务的重要资料和证据。会计档案包括以下几类：

（1）会计凭证类，如原始凭证、记账凭证。

（2）会计账簿类，如总账、明细账、日记账、固定资产卡片、其他辅助性账簿。

（3）财务会计报告类，如月度、季度、半年度、年度财务会计报告。

（4）其他类，如银行存款余额调节表、银行对账单等其他应保存的会计核算专业资料。

2. 会计档案的整理

（1）会计凭证的整理与装订

会计凭证一般应按月整理，并装订成册。

1）会计凭证的整理。月末，首先将所有需要归档的会计凭证收集齐全，并根据记账凭证的种类进行分类，注意整理记账凭证后附的原始凭证，清除订书针、大头针、曲别针等金属物，凡超过记账凭证宽度和长度的原始凭证，都要整齐地折叠起来。应特别注意装订线眼处的折叠方法，以防装订后影响原始凭证的翻查。然后将每类记账凭证按适当厚度分成若干册，每册的厚度应尽可能保持一致。若单位采用汇总记账凭证账务处理程序和科目汇总表账务处理程序，在凭证分册时还应兼顾记账凭证的汇总范围，并将汇总记账凭证或科目汇总表附于各册记账凭证之前。

2）会计凭证的装订。步骤如下：

①将分好册的会计凭证用金属夹夹好。

②用铅笔在凭证左上角画一条分角线，并在分角线适当位置选两个点打孔。选择的打孔点不能太靠近左上角的顶端，以免装订后凭证不够牢固和平整，也不能太靠下，以免装订后影响原始凭证的翻查，一般可在距上角顶端 2 至 4 厘米的范围内确定两孔的位置。

③用装订绳分别穿眼绕扎多次，捆紧扎牢。

④给每一册凭证加具封面，封面上要注明单位及凭证名称、日期、起止号码、本月共几册、本册为第几册等内容，并由会计主管人员和装订人员分别签章。

对于数量过多的原始凭证，如收料单和领料单等，可以单独成册装订保管，在封面上注明记账凭证日期、编号、种类，同时在记账凭证上注明“附件另订”以及原始凭证的名称和编号。

（2）会计账簿的整理

年度终了，各种账簿在结转下年、建立新账后，要统一整理归档。对活页式账簿，首先要将其中的空白账页取出，其中的明细账户按其对应的总分类科目的编码顺序排列，各明细账户按“第 × 页”的顺序排列。然后，对整本活页账簿中的账页不分账户只按其在账簿中的排列顺序编号，填入各账页上端“总　页”处。编号完毕后，将账页总数填入账簿扉页“账簿启用表”中，并填写账簿目录表。

（3）会计报表的整理

会计报表一般在年度终了后，由专人统一收集、整理、装订并归档。整理时，将全年的会计报表按时间顺序排列并装订成册，加具封面，并在封面中注明报表的名称、页数、归档日期等，经财务部门负责人审核、盖章后归档。

3. 会计档案的保管

各单位当年形成的会计档案，在会计年度终了后可暂由会计机构保管一年。期满之后，应移交本单位档案管理部门按规定的期限统一保管。若单位未设立档案管理部门，应当在会计机构内部指定专人保管，但出纳不得兼管会计档案。专职保管会计档案的要员离岗、离职前应当移交会计档案，办理交接手续。

会计档案的保管期限分永久、定期两类。定期保管分为 10 年、30 年两类，各类会计档案的具体保管期限见表 4–4–1，会计档案的保管期限从会计年度终了后的第一天算起。

表 4–4–1　企业和其他经济组织会计档案保管期限

序号	档案名称	保管期限	备注
一	会计凭证		
1	原始凭证	30 年	
2	记账凭证	30 年	
二	会计账簿		
3	总账	30 年	
4	明细账	30 年	
5	日记账	30 年	
6	固定资产卡片		固定资产报废清理后保管 5 年
7	其他辅助性账簿	30 年	
三	财务会计报告		
8	月度、季度、半年度财务会计报告	10 年	
9	年度财务会计报告	永久	
四	其他会计资料		
10	银行存款余额调节表	10 年	

续表

序号	档案名称	保管期限	备注
11	银行对账单	10年	
12	纳税申报表	10年	
13	会计档案移交清册	30年	
14	会计档案保管清册	永久	
15	会计档案销毁清册	永久	
16	会计档案鉴定意见书	永久	

4. 会计档案的查阅与销毁

（1）会计档案的查阅

会计档案在保管期间，不得借出。若有特殊需要，经本单位负责人同意后，可以进行查阅或者复制，并办理登记手续。

查阅会计档案应有一定的手续。应设置会计档案查阅登记簿，详细登记查阅日期、查阅人、查阅理由、归还日期等。本单位人员查阅会计档案，须经会计主管人员同意。外单位人员查阅会计档案，要有正式介绍信，并经本单位领导批准。查阅人员不得将会计档案携带外出，不得擅自摘录有关数字。遇特殊情况需要复制会计档案的，必须经本单位领导批准，并在会计档案查阅登记簿内详细记录会计档案复制的情况。查阅或者复制会计档案的人员，严禁在会计档案上涂画、拆封和抽换。

（2）会计档案的销毁

保管期满的会计档案，一般可以按照以下程序销毁：

1）单位档案管理机构编制会计档案销毁清册，列明拟销毁会计档案的名称、卷号、册数、起止年度、档案编号、应保管期限、已保管期限和销毁时间等内容。

2）单位负责人、档案管理机构负责人、会计管理机构负责人、档案管理机构经办人、会计管理机构经办人在会计档案销毁清册上签署意见。

3）单位档案管理机构负责组织会计档案销毁工作，并与会计管理机构共同派员监销。监销人在会计档案销毁前，应当按照会计档案销毁清册所列内容进行清点核对；在会计档案销毁后，应当在会计档案销毁清册上签名或盖章。

电子会计档案的销毁还应当符合国家有关电子档案的规定，并由单位档案管理机构、会计管理机构和信息系统管理机构共同派员监销。

应当注意的是，保管期满但未结清的债权债务会计凭证和涉及其他未了事项的会计凭证不得销毁，纸质会计档案应当单独抽出立卷，电子会计档案应当单独转存，由相关管理部门保管到未了事项完结时为止。单独抽出立卷或转存的会计档案，应当在会计档案鉴定意见书、会计档案销毁清册和会计档案保管清册中列明。

课堂练习

将正确的选项填在括号内（单选）。

1. 下列不属于会计档案的是（　　）。

A. 原始凭证　　B. 记账凭证

C. 银行存款对账单　　D. 公司财务制度

2. 下列需要永久保存的会计档案是（　　）。

A. 原始凭证　　B. 会计账簿

C. 季度会计报表　　D. 年度会计报表

会计报表编制与分析

会计报表根据会计账簿的余额和发生额填列，可以反映企业一定会计期间的经营成果、现金流量以及期末的财务状况。会计报表包括反映企业财务状况的资产负债表、反映企业经营成果的利润表、反映企业现金流量的现金流量表，以及反映股东权益变化的所有者权益变动表和对会计报表进行解释的报表附注。

这些报表不仅为企业管理者提供决策依据，也是投资者、债权人、政府等外部利益相关者了解企业财务状况的重要途径。会计报表的编制必须遵循相关会计准则和法规，确保信息真实、准确和完整。

学习目标

【知识目标】

1. 熟悉会计报表的分类和编制要求。
2. 懂得会计报表的基本编制过程。
3. 熟悉会计报表基本分析指标。

【能力目标】

1. 能够编制简单的资产负债表。
2. 能够编制简单的利润表。
3. 能够运用指标对会计报表进行简单分析。

【职业素养与思政素养目标】

1. 培养法治意识和社会责任感。
2. 培养分析能力、效益意识和效率意识。

第一节 会计报表概述

知识提要

编制会计报表是会计工作流程的最后一步。

会计报表主要侧重为投资者、债权人、政府等企业外部报表使用者服务，同时对企业内部的管理也非常重要。企业开经营分析会的时候，往往需要引用会计报表中的数据，与企业的预算和同行的数据进行对比，以便发现企业存在的问题，加以改进。

会计报表主要分为资产负债表、利润表、现金流量表、所有者权益变动表和报表附注。会计报表的数据来自会计账簿，有的项目可以直接抄录，有的项目需要分析计算。

编制会计报表要做到数字真实、计算准确、内容完整、说明清楚、及时编制、及时报送。

一、财务会计报告与会计报表

财务会计报告是指企业对外提供的反映企业某一特定日期的财务状况和某一会计期间的经营成果、现金流量等会计信息的文件，它是企业会计信息的主要载体。财务会计报告的组成如图 5-1-1 所示。

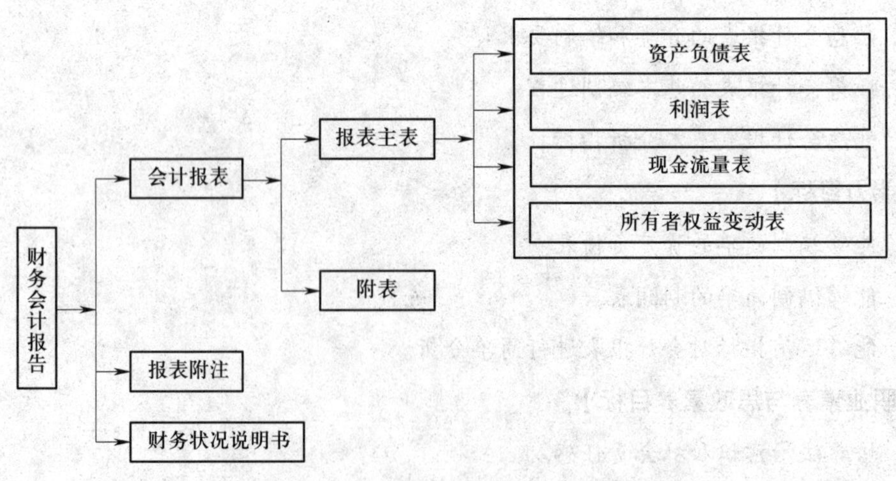

图 5-1-1 财务会计报告的组成

会计报表是指企业以一定的会计方法和程序，依据会计账簿的数据整理得出，以表格的形式反映企业财务状况、经营成果和现金流量的书面文件。会计报表是财务会计报告的主体和核心。

二、编制会计报表的作用

企业财务部门通过编制记账凭证、登记账簿等会计程序，对企业日常产生的、数量繁多而分散的数据资料加以识别、判断，进行选择、归类、整理、汇总。但是，这些记录在会计凭证、账簿中的会计信息还很分散，它们反映的只是企业生产经营过程中的某一方面的情况，无法满足企业内外部相关人士了解所需信息的要求。因此，需要通过编制会计报表这种会计核算的专门方法，在会计日常核算的基础上，对会计凭证和账簿中所反映的经济内容进行进一步的加工提炼，将其转换成更综合、系统、全面地反映企业经济活动情况和经营成果的财务信息。

会计报表至少应当包括资产负债表、利润表、现金流量表、所有者权益变动表和附注。小企业编制的会计报表可以不包括现金流量表。

三、会计报表的种类

企业的会计报表可以按照其内容、列报时间、编制单位和服务对象进行分类，见表 5-1-1。

表 5-1-1　会计报表的种类

分类标准	报表类型	说明
报表内容	资产负债表	反映企业的财务状况，包括企业资产和资产的来源
	利润表	反映企业经营成果，即企业的盈亏情况
	现金流量表	反映企业的资金来源和去向
	所有者权益变动表	反映所有者当期权益的变化情况
	报表附注	对报表内容的详细解释和补充
列报时间	年度会计报表	年度终了对外提供的会计报表，要求揭示完整、反映全面
	中期会计报表	一年以内的会计报表，包括月度报表、季度报表和半年度报表。月度报表要求简明扼要、及时编报。季度报表和半年度报表的详细程度介于年度报表与月度报表之间
编制单位	单体会计报表	在自身会计核算基础上对账簿记录进行加工并编制的会计报表
	合并会计报表	以母公司和子公司组成的企业集团为会计主体，综合反映企业集团财务状况的会计报表
服务对象	对外会计报表	按照会计准则规定的格式和编制要求编制的公开报告的会计报表
	内部会计报表	根据企业内部管理需要编制的会计报表，一般不需要对外报告，没有统一的编制要求与格式

其中，资产负债表、利润表、现金流量表、所有者权益变动表这四类报表各有侧重，互相关联，能够从整体上反映企业当期的经营情况。例如，资产负债表中的期初余额是企业当期经营的物质基础，期末余额是企业当期的经营结果，导致这两者产生差异的原因是当期损益、资金和所有者权益（或股东权益）变化。利润表、现金流量表和所有者权益变动表解释了资产负债表期初余额和期末余额的变化原因。

这四类报表的内在关系如图 5–1–2 所示。

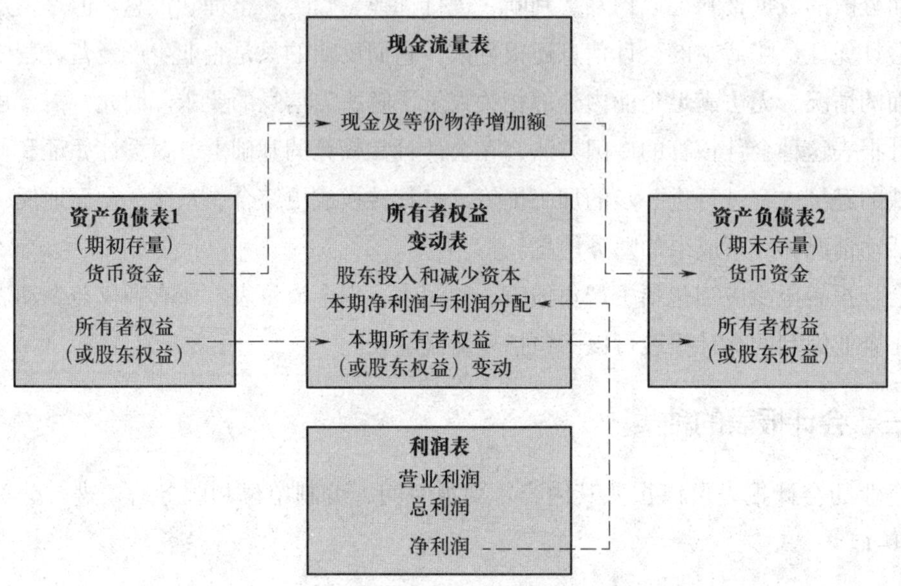

图 5–1–2 四类报表的内在关系

四、会计报表的编制流程

在手工工作方式下，编制会计报表是会计工作流程的最后一步，需要结账后，根据资产、负债、所有者权益类账户的总账及明细账的余额填写资产负债表，根据损益类账户的发生额填写利润表。

需要说明的是，会计报表是根据会计账户分析填写的，构成会计报表的项目和会计账户并不完全一致。一些报表项目需要根据几个会计账户的金额合计填写，一些报表项目需要对几个会计账户进行分析后才能填写。

在信息化工作方式下，通过财务软件设置会计科目、审核原始凭证、填写或自动生成记账凭证、审核记账凭证后，财务软件可以自动生成会计报表。

五、会计报表的编制要求

为了保证会计报表的质量，企业必须按照以下要求编制会计报表。

1. 数字真实，计算准确

会计报表的数字来源于各账户，各账户的数字来源于记账凭证，记账凭证的数字来源于经过确认的原始凭证。因此，为了保证会计报表数字真实、准确，在报表数字来源正确的前提下，关键在于对原始凭证数字的确认和计量，不能以估计数代替实际数，更不能弄虚作假、隐瞒谎报。

在编制报表之前，应完成以下几项工作：

（1）按期结账。应确认会计主体的所有交易和事项是否均已登记入账，是否存在应摊销而未摊销、应计提而未计提的费用。

（2）认真做好对账和财产清查工作，目标是达到账证相符、账账相符、账实相符。

（3）编制试算平衡表，验证总账账户本期发生额的正确性，为正确编制会计报表提供可靠的数据。

2. 内容完整，说明清楚

应按照会计准则规定的编制基础、编制依据、编制原则和方法，按统一规定的报表种类、格式编制会计报表。报表所涉及的所有表内项目及补充资料必须填列完整，必要时应对有关事项用文字加以简要说明。

3. 及时编制，及时报送

为了保证会计信息的及时性，各单位应及时编制会计报表，并按国家或上级部门规定的期限和程序及时报送。

思政小课堂

曾经风光一时的乐视网，自2007年开始财务造假，通过虚构合同和虚构业务增加利润和资产，提供不真实会计报表以抬高股价，给投资者造成了重大损失。2010年上市后，乐视网除了利用自有资金循环和串通“走账”虚构业务收入外，还通过伪造合同、未实际执行框架合同、单边确认互换合同继续虚增业绩。

除财务造假外，乐视网还存在未按规定披露关联交易、未披露为乐视控股等公司提供担保的事项等违规操作。因此，证监会对乐视网、乐视网董事长贾跃亭和相关责任人处以了金额不等的罚款。

会计报表是基于会计账簿编制的，会计账簿必须根据真实的业务填制。提供虚假财务会计报告不仅会给股东带来损失，严重的还会违反刑法，构成犯罪行为。作为会计人员，必须以诚信为本。

第二节　资产负债表的编制

知识提要

资产负债表是指反映企业在某一特定日期（如月末、季度末、年末）财务状况的会计报表，能够提供企业资本结构、偿债能力等方面的重要信息。

资产负债表主要分为资产、负债和所有者权益（或股东权益）三大部分。资产部分列示了企业拥有的各种资源，包括流动资产（如货币资金、应收账款等）和非流动资产（如固定资产、无形资产等）。负债部分记录了企业应承担的债务和支付义务，包括流动负债（如短期借款、应付账款等）和非流动负债。所有者权益（或股东权益）部分体现了投资者对企业净资产的所有权，包括股本、资本公积、留存收益等。

资产负债表可以根据总分类科目余额和明细科目余额直接填列或分析计算填列。

一、资产负债表的概念

资产负债表是指反映企业在某一特定日期（如月末、季度末、年末）财务状况的会计报表。资产负债表根据“资产 = 负债 + 所有者权益”这一会计等式设计，依据一定的分类标准和顺序，将企业在一定日期的资产、负债和所有者权益（或股东权益）按项目适当排列，并对日常核算中形成的大量数据进行整理汇总后编制而成，它能够反映企业资产、负债、所有者权益（或股东权益）的总体规模和结构，是一种静态报表。

二、资产负债表的格式

资产负债表有两种基本格式，即报告式（垂直式）和账户式。

我国企业编制的资产负债表采用账户式，见表 5-2-1。

表 5-2-1　资产负债表

会企 01 表

编制单位：　　　　　　　　年　　月　　日　　　　　　　　单位：元

资　产	期末余额	上年年末余额	负债和所有者权益（或股东权益）	期末余额	上年年末余额
流动资产：			流动负债：		
货币资金			短期借款		

续表

资　产	期末余额	上年年末余额	负债和所有者权益（或股东权益）	期末余额	上年年末余额
交易性金融资产			交易性金融负债		
衍生金融资产			衍生金融负债		
应收票据			应付票据		
应收账款			应付账款		
应收款项融资			预收款项		
预付款项			合同负债		
其他应收款			应付职工薪酬		
存货			应交税费		
合同资产			其他应付款		
持有待售资产			持有待售负债		
一年内到期的非流动资产			一年内到期的非流动负债		
其他流动资产			其他流动负债		
流动资产合计			流动负债合计		
非流动资产：			非流动负债：		
债权投资			长期借款		
其他债权投资			应付债券		
长期应收款			其中：优先股		
长期股权投资			永续债		
其他权益工具投资			租赁负债		
其他非流动金融资产			长期应付款		
投资性房地产			预计负债		
固定资产			递延收益		
在建工程			递延所得税负债		
生产性生物资产			其他非流动负债		
油气资产			非流动负债合计		
使用权资产			负债合计		
无形资产			所有者权益（或股东权益）：		
开发支出			实收资本（或股本）		
商誉			其他权益工具		
长期待摊费用			其中：优先股		
递延所得税资产			永续债		

续表

资　产	期末余额	上年年末余额	负债和所有者权益（或股东权益）	期末余额	上年年末余额
其他非流动资产			资本公积		
非流动资产合计			减：库存股		
			其他综合收益		
			专项储备		
			盈余公积		
			未分配利润		
			所有者权益（或股东权益）合计		
资产总计			负债和所有者权益（或股东权益）总计		

三、资产负债表的结构

资产负债表分为左右两方，左方为资产类项目，右方为负债和所有者权益（或股东权益）类项目，左方的资产总计数等于右方的负债和所有者权益（或股东权益）总计数。各项目的排列顺序如下：

1. 资产类项目

资产类项目按照各项资产的流动性大小或变现能力强弱顺序排列。流动性大、变现能力强的项目排前面，流动性小、变现能力弱的项目排后面。依此，先是流动资产，后是非流动资产。

2. 负债和所有者权益（或股东权益）类项目

负债和所有者权益（或股东权益）类项目按照权益顺序排列。

负债是必须清偿的债务，属于第一顺序的权益，具有优先清偿的特征，而所有者权益（或股东权益）是剩余权益，在正常经营条件下不需要偿还，所以负债在先，所有者权益（或股东权益）在后。

（1）负债内部项目

按照到期日由近至远的顺序，偿还期近的负债项目排前面，偿还期较远的负债项目排后面。因此，流动负债排在前面，非流动负债排在后面。

（2）所有者权益（或股东权益）内部项目

所有者权益（或股东权益）内部项目按照稳定性或永久性进行排列。稳定性或永久性强的项目排前面，稳定性或永久性弱的项目排后面。因此，实收资本（或股本）排在前面，因为实收资本（或股本）是企业经过法定程序登记注册的资本金，通常不会改变，所以稳定性最好。其后是资本公积、盈余公积和未分配利润。

四、资产负债表的编制方法

资产负债表的“上年年末余额”栏根据上年年末资产负债表的“期末余额”栏直接填列，“期末余额”栏的填列可以分为以下几种情况：

1. 根据总分类科目余额直接填列

“短期借款”“应付票据”“实收资本（或股本）”“盈余公积”等项目，其名称、性质和内容与对应的“短期借款”“应付票据”“实收资本（或股本）”“盈余公积”等总分类科目相同，因此将对应的科目余额直接填写到报表上即可。

2. 根据总分类科目余额计算填列

部分报表项目与一些总分类科目的内容和性质相同或相近，可以采用合并、抵销等方法，根据相关总分类科目的余额计算填列。

（1）“货币资金”项目应根据“库存现金”“银行存款”和“其他货币资金”等科目的期末余额合计数填列。

（2）“存货”项目反映企业期末在库、在途和加工中的各项存货的可变现净值，应根据“材料采购”“在途物资”“原材料”“库存商品”“发出商品”“委托加工物资”“周转材料”“生产成本”等科目的期末借方余额合计数，减去“存货跌价准备”科目期末贷方余额后的金额填列。

（3）“长期股权投资”项目反映企业不准备在一年内变现的各种股权性质的投资的可收回金额，应根据“长期股权投资”科目的期末余额，减去“长期股权投资减值准备”科目的期末贷方余额后的金额填列。

（4）“固定资产”项目反映企业固定资产可收回的金额，应根据“固定资产”科目的期末余额，减去“累计折旧”和“固定资产减值准备”科目的期末余额后的金额，以及“固定资产清理”科目的期末余额填列。

（5）“无形资产”项目反映企业各项无形资产的期末账面净值，应根据“无形资产”科目的期末借方余额，减去“累计摊销”和“无形资产减值准备”科目期末贷方余额后的金额填列。

（6）“未分配利润”反映企业尚未分配的利润，应根据“本年利润”科目期末贷方余额，减去“利润分配”科目的期末借方余额后的金额填列（若企业未单独设置“未分配利润”明细科目）。未弥补的亏损，在本项目中以“-”号填列。

3. 根据有关科目所属明细科目余额分析填列

有些报表项目虽然与部分总分类科目名称相同，但其所属明细科目的性质可能不同，因此需要按实质性质，根据有关科目所属明细科目余额分析填列。其中，“应付账款”项目应根据“应付账款”和“预付账款”科目所属相关明细科目的期末贷方余额合计数填列。“应付账款”科目所属明细科目期末有借方余额的，应在该表“预付账款”项目内填列。

4. 根据总分类科目和明细科目余额分析计算填列

（1）“应收账款”项目反映资产负债表日以摊余成本计量的，企业因销售商品、提供服务等经营活动应收取的款项，应根据“应收账款”科目的期末余额，减去“坏账准备”科目中相关坏账准备期末余额后的金额分析填列。如果“应收账款”科目所属明细科目期末为贷方余额，应在该表“预收账款”项目内填列。

（2）“其他应收款”项目反映企业对其他单位和个人的应收暂收款项减去已计提的坏账准备后的净额，应根据“应收利息”“应收股利”和“其他应收款”科目的期末余额合计数，减去“坏账准备”科目中相关坏账准备期末余额后的金额填列。

（3）“长期待摊费用”项目反映企业尚未摊销的摊销期限在一年以上的各项费用，应根据“长期待摊费用”科目期末余额减去将于一年内摊销的金额后的金额填列。

长期待摊费用中将于一年内摊销的部分，应在该表“一年内到期的非流动资产”项目内填列。

（4）“长期借款”项目反映企业借入且尚未归还的一年期以上的借款本息，应根据“长期借款”科目的期末余额减去将于一年内到期的借款本息后的余额填列。

将于一年以内到期的长期借款部分，合并在该表“一年内到期的长期负债”项目内填列。

（5）“应付债券”项目反映企业发行的尚未偿还的各种长期债券的本息，应根据“应付债券”科目的期末余额减去将于一年内到期的债券本息后的余额填列。

将于一年以内到期的应付债券本息，合并在“一年内到期的非流动负债”项目内填列。

财政部门会根据经济社会发展情况不定期调整报表项目和填写方法，填写时应先查询相关规定。

五、资产负债表编制案例

下面以涛涛公司 2023 年 2 月业务为例编制资产负债表。该公司采用科目汇总表账务处理程序，根据记账凭证，使用丁字账户汇总后登记到科目汇总表上，再根据科目汇总表登记总账。

1. 编制报表准备资料

（1）总账

由于总账的格式及内容与结账后编制的试算平衡表一致，学习时为了简化步骤，也可以用结账后编制的试算平衡表代替总账，见表 5-2-2。

表 5-2-2　试算平衡表（总账）

编制单位：北京涛涛商贸有限责任公司　　2023 年 2 月 28 日　　单位：元

会计科目	期初余额		本期发生额		期末余额	
	借方	贷方	借方	贷方	借方	贷方
库存现金			860.00		860.00	
银行存款			800 000.00	3 000.00	797 000.00	
应收账款			711 900.00		711 900.00	
其他应收款			3 700.00	3 000.00	700.00	
库存商品			360 400.00	316 000.00	44 400.00	
固定资产			400 000.00		400 000.00	
待处理财产损益			600.00	600.00	0.00	
短期借款				200 000.00		200 000.00
应付账款				407 778.40		407 778.40
应付利息				1 000.00		1 000.00
应付职工薪酬			9 614.00	60 401.00		50 787.00
应交税费			81 900.00	182 520.84		100 620.84
其他应付款				10 014.00		10 014.00
实收资本				1 000 000.00		1 000 000.00
本年利润			445 340.24	630 000.00		184 659.76
主营业务收入			630 000.00	630 000.00		0.00
主营业务成本			315 000.00	315 000.00		0.00
税金及附加			4 185.81	4 185.81		0.00
财务费用			1 000.00	1 000.00		0.00
管理费用			32 385.50	32 385.50		0.00
销售费用			31 215.67	31 215.67		0.00
所得税费用			61 553.26	61 553.26		0.00
合计	0.00	0.00	3 889 654.48	3 889 654.48	1 954 860.00	1 954 860.00

（2）相关明细账

由于该公司业务比较简单，未使用“预收账款”“预付账款”等账户，也没有特殊业务，所以编制报表的时候没有与之相关的明细账。

（3）资产负债表

根据上表编制的资产负债表见表 5-2-3。

表 5-2-3　资产负债表

会企 01 表

编制单位：北京涛涛商贸有限责任公司　　2023 年 2 月 28 日　　单位：元

资　产	期末余额	上年年末余额	负债和所有者权益（或股东权益）	期末余额	上年年末余额
流动资产：			流动负债：		
货币资金	797 860.00		短期借款	200 000.00	
交易性金融资产			交易性金融负债		
衍生金融资产			衍生金融负债		
应收票据			应付票据		
应收账款	711 900.00		应付账款	407 778.40	
应收款项融资			预收款项		
预付款项			合同负债		
其他应收款	700.00		应付职工薪酬	50 787.00	
存货	44 400.00		应交税费	100 620.84	
合同资产			其他应付款	11 014.00	
持有待售资产			持有待售负债		
一年内到期的非流动资产			一年内到期的非流动负债		
其他流动资产			其他流动负债		
流动资产合计	1 554 860.00		流动负债合计	770 200.24	
非流动资产：			非流动负债：		
债权投资			长期借款		
其他债权投资			应付债券		
长期应收款			其中：优先股		
长期股权投资			永续债		
其他权益工具投资			租赁负债		
其他非流动金融资产			长期应付款		
投资性房地产			预计负债		
固定资产	400 000.00		递延收益		
在建工程			递延所得税负债		
生产性生物资产			其他非流动负债		
油气资产			非流动负债合计		
使用权资产			负债合计	770 200.24	

续表

资　产	期末余额	上年年末余额	负债和所有者权益（或股东权益）	期末余额	上年年末余额
无形资产			所有者权益（或股东权益）：		
开发支出			实收资本（或股本）	1 000 000.00	
商誉			其他权益工具		
长期待摊费用			其中：优先股		
递延所得税资产			永续债		
其他非流动资产			资本公积		
非流动资产合计	400 000.00		减：库存股		
			其他综合收益		
			专项储备		
			盈余公积		
			未分配利润	184 659.76	
			所有者权益（或股东权益）合计	1 184 659.76	
资产总计	1 954 860.00		负债和所有者权益（或股东权益）总计	1 954 860.00	

第三节　利润表的编制

知识提要

利润表可以展示企业在一定会计期间（如月度、季度、年度）的经营成果，体现企业的盈利能力。利润表主要分为营业收入、营业成本、税金及附加、销售费用、管理费用、财务费用、投资收益、营业外收支等部分，通过各项数据的对比和计算，最终得出净利润或净亏损的总额。

利润表根据各有关科目的发生额分析填制。

一、利润表简介

利润表又称损益表、收益表，是反映企业在一定会计期间经营成果的报表。它根据“收入 – 费用 = 利润”这一会计等式设计，属于动态报表。

通过利润表，可以了解企业的经营成果以及盈亏形成情况，了解资本的保值增值情况，借以评价企业管理者的经营业绩。通过对不同时期报表数据的对比，可以分析企业获利能力，预测企业的未来收益及发展趋势。

二、利润表的格式

利润表包括单步式和多步式两种格式。

单步式利润表将企业当期发生的全部收入和全部支出相抵，计算出损益。多步式利润表根据企业利润形成环节，按照营业利润、利润总额、净利润和每股收益的顺序分步计算财务成果，从而详细地揭示了企业利润的形成过程和主要因素。

按照规定，我国企业的利润表采用多步式格式，下面介绍多步式利润表的结构。

三、利润表的结构

利润表一般包括表首、正表两部分。其中，表首概括说明报表名称、编制单位、编制日期、报表编号、货币名称和计量单位。

利润表的具体格式见表 5-3-1。

表 5-3-1 利润表

会企 02 表

编制单位： 年 月 单位：

项 目	本期金额	上期金额
一、营业收入		
减：营业成本		
税金及附加		
销售费用		
管理费用		
研发费用		
财务费用		
其中：利息费用		
利息收入		
加：其他收益		
投资收益（损失以“–”号填列）		
其中：对联营企业和合营企业的投资收益		
以摊余成本计量的金融资产终止确认收益（损失以“–”号填列）		
净敞口套期收益（损失以“–”号填列）		

续表

项　目	本期金额	上期金额
公允价值变动收益（损失以“-”号填列）		
信用减值损失（损失以“-”号填列）		
资产减值损失（损失以“-”号填列）		
资产处置收益（损失以“-”号填列）		
二、营业利润（亏损以“-”号填列）		
加：营业外收入		
减：营业外支出		
三、利润总额（亏损总额以“-”号填列）		
减：所得税费用		
四、净利润（净亏损以“-”号填列）		
（一）持续经营净利润（净亏损以“-”号填列）		
（二）终止经营净利润（净亏损以“-”号填列）		
五、其他综合收益的税后净额		
（一）不能重分类进损益的其他综合收益		
1. 重新计量设定受益计划变动额		
2. 权益法下不能转损益的其他综合收益		
3. 其他权益工具投资公允价值变动		
4. 企业自身信用风险公允价值变动		
……		
（二）将重分类进损益的其他综合收益		
1. 权益法下可转损益的其他综合收益		
2. 其他债权投资公允价值变动		
3. 金融资产重分类计入其他综合收益的金额		
4. 其他债权投资信用减值准备		
5. 现金流量套期储备		
6. 外币财务报表折算差额		
……		
六、综合收益总额		
七、每股收益		
（一）基本每股收益		
（二）稀释每股收益		

在利润表中，收入按照重要性大小列示，主要包括“营业收入”“投资收益”“公允价值变动收益”和“营业外收入”等项目；费用按照性质列示，并与相关收入相对应，主要包括“营业成本”“税金及附加”“销售费用”“管理费用”“财务费用”“资产减值损失”“营业外支出”“所得税费用”等项目；利润按照形成过程列示，依次是“营业利润”“利润总额”“净利润”“综合收益总额”和“每股收益”等项目。

其中，营业收入包括主营业务收入和其他业务收入。例如，面包厂销售面包所得收入就是主营业务收入，面包厂销售面粉所得收入就是其他业务收入。

营业成本包括主营业务成本和其他业务成本。例如，面包厂销售面包，为制作面包耗用的料、工、费构成了主营业务成本；若面包厂销售材料，则购进所售材料的成本就是其他业务成本。

营业外收入是意外的收益，如债务重组收益、罚款收入等。

营业外支出是意外的支出，如债务重组损失、罚款支出、报废固定资产损失等。

四、各项目计算步骤

多步式利润表按照四个步骤计算最终结果，具体如下。

第一步，以营业收入为基础，减去营业成本、税金及附加、销售费用、管理费用、财务费用、信用减值损失和资产减值损失等，再加上投资收益和公允价值变动收益等，确定营业利润。计算公式是：

营业利润 = 营业收入 − 营业成本 − 税金及附加 − 销售费用 − 管理费用 − 财务费用 − 研发费用 + 其他收益 ± 投资收益 ± 净敞口套期收益 ± 公允价值变动收益 ± 资产处置收益 ± 资产减值损失 ± 信用减值损失

其中，企业负担的城市维护建设税、教育费附加等计入税金及附加，管理部门的消耗支出通常计入管理费用，独立销售部门的消耗支出计入销售费用，借款手续费和利息支出计入财务费用，预估的资产损失计入资产减值损失，预估不能收回的应收账款计入信用减值损失。企业投资如果赢利就加上投资收益，如果亏损就减去投资损失。

第二步，以营业利润为基础，加上营业外收入，减去营业外支出，确定利润总额。计算公式是：

利润总额 = 营业利润 + 营业外收入 − 营业外支出

第三步，在利润总额的基础上，扣除所得税费用（通常按照净利润的 25% 缴纳）后，确定企业的净利润。计算公式是：

净利润 = 利润总额 − 所得税费用

第四步，根据净利润，计算综合收益总额和每股收益。

五、利润表的编制说明

利润表中的"上期金额"栏内各项数字，应根据上期利润表的"本期金额"栏所列各项目数字填列。如果上期利润表规定的各项目的名称和内容与本期不一致，应对上期利润表各项目的名称和数字按本期规定进行调整，填入本表的"上期金额"栏内。

利润表"本期金额"各项目的内容及填列方法说明如下：

"营业收入"项目反映企业主要经营业务和其他业务所确认的收入总额，应根据"主营业务收入"科目和"其他业务收入"科目的发生额之和填列。

"营业成本"项目反映企业主要经营业务和其他业务发生的实际成本，应根据"主营业务成本"和"其他业务成本"科目的发生额之和填列。

"税金及附加"项目反映企业经营业务应负担的消费税、城市维护建设税、资源税、教育费附加等，应根据"税金及附加"科目的发生额填列。

"销售费用"项目反映企业在销售商品及商品流通企业在购入商品等过程中发生的费用，应根据"销售费用"科目的发生额填列。

"管理费用"项目反映企业发生的管理费用，应根据"管理费用"科目的发生额填列。

"研发费用"项目反映企业进行研究与开发过程中发生的费用化支出，以及计入管理费用的自行开发无形资产的摊销。该项目应根据"管理费用"科目下的"研究费用"明细科目的发生额，以及"管理费用"科目下的"无形资产摊销"明细科目的发生额分析填列。

"财务费用"项目下的"利息费用"项目，反映企业为筹集生产经营所需资金等而发生的应予费用化的利息支出。"财务费用"项目下的"利息收入"项目，反映企业按照相关会计准则确认的应冲减财务费用的利息收入。这两个项目应根据"财务费用"科目的相关明细科目的发生额分析填列。

"其他收益"项目反映计入其他收益的政府补助，以及其他与日常活动相关且计入其他收益的项目。该项目应根据"其他收益"科目的发生额分析填列。

"投资收益"项目反映企业以各种方式对外投资所取得的收益，应根据"投资收益"科目的发生额分析填列。如为投资损失，以"–"号填列。

"营业利润"项目反映企业实现的营业利润，如为亏损则以"–"号填列。

"营业外收入"项目和"营业外支出"项目分别反映企业发生的除营业利润以外的收益和支出，应分别根据"营业外收入"科目和"营业外支出"科目的发生额分析填列。

“利润总额”项目反映企业实现的利润总额，如为亏损则以“-”号填列。

“所得税费用”项目反映企业根据所得税准则确认的应从当期利润总额中扣除的所得税费用，应根据“所得税费用”科目的发生额填列。

“净利润”项目反映企业实现的净利润，如为亏损则以“-”号填列。

“信用减值损失”项目反映企业计提的各项金融工具减值准备所确认的信用损失。该项目应根据“信用减值损失”科目的发生额分析填列。

六、资产负债表和利润表的钩稽关系

收入和费用抵销后形成利润表中的净利润，净利润要增加到资产负债表中的“未分配利润”项目中。如果企业当期没有分配利润，那么资产负债表中“未分配利润”项目的增加（或减少）额等于利润表中的净利润。

七、利润表编制举例

涛涛公司 2023 年 2 月 28 日有关损益类账户资料见表 5-3-2。

表 5-3-2　损益类账户资料

编制单位：北京涛涛商贸有限责任公司　2023 年 2 月 28 日　　单位：元

账户名称	借或贷	本月发生额	本年累计数
主营业务收入	贷	630 000.00	630 000.00
其他业务收入	贷		
主营业务成本	借	315 000.00	315 000.00
其他业务成本	借		
税金及附加	借	4 185.81	4 185.81
销售费用	借	31 215.67	31 215.67
管理费用	借	32 385.50	32 385.50
财务费用	借	1 000.00	1 000.00
投资收益	贷		
营业外收入	贷		
营业外支出	借		
所得税费用	借	61 553.26	61 553.26

根据以上资料，编制涛涛公司 2023 年月 2 月份的利润表，见表 5-3-3。

表 5–3–3　利润表

会企 02 表

编制单位：北京涛涛商贸有限责任公司　2023 年 02 月　　单位：元

项　目	本期金额	上期金额
一、营业收入	630 000.00	
减：营业成本	315 000.00	
税金及附加	4 185.81	
销售费用	31 215.67	
管理费用	32 385.50	
研发费用		
财务费用	1 000.00	
其中：利息费用	1 000.00	
利息收入		
加：其他收益		
投资收益（损失以“–”号填列）		
其中：对联营企业和合营企业的投资收益		
以摊余成本计量的金融资产终止确认收益（损失以“–”号填列）		
净敞口套现收益（损失以“–”号填列）		
公允价值变动收益（损失以“–”号填列）		
信用减值损失（损失以“–”号填列）		
资产减值损失（损失以“–”号填列）		
资产处置收益（损失以“–”号填列）		
二、营业利润（亏损以“–”号填列）	246 213.02	
加：营业外收入		
减：营业外支出		
三、利润总额（亏损总额以“–”号填列）	246 213.02	
减：所得税费用	61 553.26	
四、净利润（净亏损以“–”号填列）	184 659.76	
（一）持续经营净利润（净亏损以“–”号填列）	（以下略）	
（二）终止经营净利润（净亏损以“–”号填列）		
五、其他综合收益的税后净额		
（一）不能重分类进损益的其他综合收益		
1. 重新计量设定收益计划变动额		
2. 权益法下不能转损益的其他综合收益		

续表

项　目	本期金额	上期金额
3. 其他权益工具投资公允价值变动		
4. 企业自身信用风险公允价值变动		
……		
（二）将重分类进损益的其他综合收益		
1. 权益法下可转损益的其他综合收益		
2. 其他债权投资公允价值变动		
3. 金融资产重分类计入其他综合收益的金额		
4. 其他债权投资信用减值准备		
5. 现金流量套期储备		
6. 外币财务报表折算差额		
……		
六、综合收益总额		
七、每股收益		
（一）基本每股收益		
（二）稀释每股收益		

第四节　会计报表简易分析

知识提要

会计报表中的数字虽然枯燥，但是这些数字之间隐含着密切的关系，是企业健康状况的“晴雨表”。通过这些数字，可以计算出毛利率、销售利润率、资产收益率等一系列指标，进而分析判断企业的各项营运能力。

例如，利用营运资金、流动比率、资产负债率等指标，可以评估企业的短期和长期偿债能力；利用毛利率、销售利润率、资产收益率等指标，可以分析企业的盈利能力；利用总资产周转率、流动资产周转率等指标，可以分析企业的运营效率；利用定比增长率和环比增长率等指标，可以分析企业的发展能力。

从整体上看，资产负债表体现资产的分布和资产的来源，而资产来源包括负债和所有者权益两个方面。负债是需要用资产偿还的，因此负债和资产的关系反映了企业的偿债能力，是债权人主要关注的项目。

从资金循环角度看，资产是资金的投入，收入是在特定会计期间资产的变现。由于收入主要是通过销售实现的，而销售收入是企业采购、生产等运营活动的结果，所以，资产金额相等情况下，企业销售越多，资产的变现速度就越快，企业的运营效率就越高。这样，收入和资产的关系就体现了企业的运营效率。

从效益的角度看，企业经营过程中所产生的收益与耗费之比体现了企业的盈利能力，因此，利润和收入的关系、利润和资产的关系体现了企业的效益，也就是盈利能力。会计报表分析逻辑框架如图 5–4–1 所示。

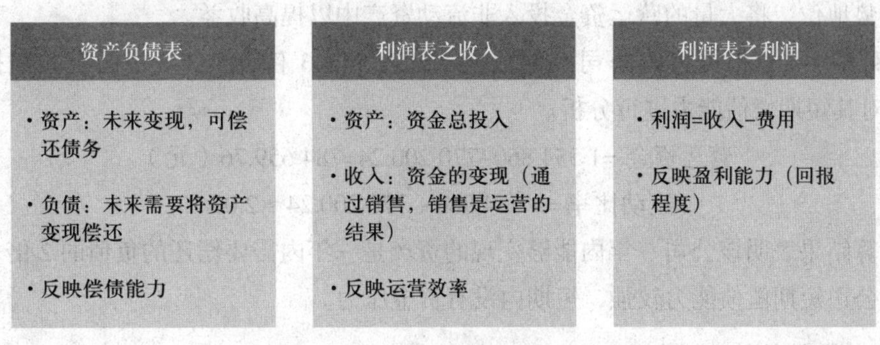

图 5–4–1　会计报表分析逻辑框架

债权人主要关注企业未来是否有能力偿还债务，即关注企业的偿债能力；投资者则侧重关注企业的盈利能力、营运能力和发展能力。因此，会计报表分析也主要从这四个方面进行。

下面结合前面举例列出的涛涛公司 2023 年 2 月份的会计报表进行分析。

一、偿债能力分析

企业的偿债能力分为短期偿债能力和长期偿债能力。短期偿债能力指企业在未来一年内，或超过一年的一个营业周期内的偿债能力；长期偿债能力指企业一年以后的偿债能力。

1. 短期偿债能力分析

流动负债是企业在一年内或超过一年的一个营业周期内需要偿还的债务，而流动资产是企业可以在一年内或超过一年的一个营业周期内变现的资产。未来到期的债务需要用未来变现的资产偿还，如果未来一年内企业资金收付基本相等，两者的差额和比率就反映了企业短期偿债能力。常见的分析指标如下：

（1）营运资金

营运资金的计算公式是：

营运资金 = 流动资产 – 流动负债

如果营运资金为正数，表明在正常经营情况下企业不需要新增借款或吸收投资。如果为负数，表明在正常经营下，企业需要借款或吸收投资来弥补资金缺口。另外，营运资金过多表明资金大量沉积在经营过程中，使用效益有可能偏低。

（2）流动比率

流动比率的计算公式是：

流动比率 = 流动资产 ÷ 流动负债

流动比率通常大于 1，表明企业在未来一年之内资金断流的可能性不大。但判断时也要结合预收账款情况，如果该企业预收账款较多，流动比率低于 1 很可能表示该企业处于强势地位，将大量的营运资金投入非流动资产中以提高收益。

【例 5–4–1】根据涛涛公司经营数据（见表 5–2–3 和表 5–3–3 中的有关数据，下同），对其短期偿债能力进行分析。

营运资金 =1 554 860–770 200.24=784 659.76（元）

流动比率 =1 554 860 ÷ 770 200.24≈2.02

计算结果表明该公司一年内能够变现的资产是一年内需要偿还的负债的 2 倍多。这说明该公司短期偿债能力较强，短期内没有资金压力。

2. 长期偿债能力分析

分析企业长期偿债能力的主要指标是资产负债率，其计算公式是：

资产负债率 = 负债 ÷ 资产 ×100%

由于银行抵押贷款比例一般为抵押物估值的 70% 左右，所以通常人们称 70% 的资产负债率为红线。也就是说，当一个企业资产负债率超过 70%，一般很难从银行获得抵押贷款。因此，大部分企业的资产负债率超过红线后需要进行缩表（处置资产还债，使资产和负债总额都缩小称为缩表）或债务重组。

【例 5–4–2】根据涛涛公司经营数据，对其长期偿债能力进行分析。

资产负债率 =770 200.24 ÷ 1 954 860 ≈ 39.4%

计算结果表明该公司的资产负债率低于 70%，这说明其长期偿债能力也没有问题。

二、盈利能力分析

对于企业的盈利能力，主要从两个角度进行分析：一是通过利润与收入的比率分析利润和销售额的关系，二是通过利润与资产的比率分析企业的资产获利能力。分析指标主要有以下几个：

1. 毛利率

毛利率的计算公式是：

毛利率 =（营业收入 – 营业成本）÷ 营业收入 ×100%

从公式中可以看出，影响毛利率的主要因素是营业收入和营业成本。对于营业收入，要从销售数量、产品价格、产品组合三个角度取得相关数据，再作进一步分析。

营业成本主要指当年销售产品的成本。对于商业企业而言，它主要受企业采购成本的影响。对于工业企业，其主要影响因素则包括生产该产品所消耗的材料成本、人工成本、水电费用以及设备折旧等制造费用。

【例 5-4-3】根据涛涛公司经营数据，对其毛利率进行分析。

毛利率 =（630 000-315 000）÷ 630 000 × 100%=50%

对于零售批发企业来说，50% 的毛利率较高，这可能与该公司拥有优质的供应商和高质量的客户有关。

2. 销售利润率

销售利润率（又称净利率）的计算公式是：

销售利润率 = 净利润 ÷ 营业收入 × 100%

从公式中可以看出，销售利润率和毛利率的计算公式的分母相同，两者的差异主要是由税金及附加、管理费用、销售费用、财务费用、所得税费用导致的，因此，可以利用这些要素分析出产生差异的原因。

【例 5-4-4】根据涛涛公司经营数据，对其销售利润率进行分析。

销售利润率 =184 659.76 ÷ 630 000 ≈ 29.31%

销售利润率与毛利率的差额 =50%-29.31%=20.69%

表 5-4-1　涛涛公司销售利润率与毛利率差异分析表

指标	比率
税金及附加 ÷ 营业收入	0.66%
财务费用 ÷ 营业收入	0.16%
管理费用 ÷ 营业收入	5.14%
销售费用 ÷ 营业收入	4.95%
所得税费用 ÷ 营业收入	9.77%
合计	20.69%

通过上表可以看出，该公司所有税金和费用占比为 20.69%，其中所得税费用、管理费用和销售费用占比较高。所得税费用占比较高可能是该公司利润偏高导致。销售费用和管理费用是否合理，需要和其他类似公司进行比较才能作进一步判断。

3. 资产收益率

资产收益率反映了企业资产的获利程度，其计算公式是：

资产收益率 = 净利润 ÷ 平均总资产 × 100%

由于不同时间企业的资产是不同的，所以用会计期间的平均总资产计算更为准确，其计算公式是：

平均总资产 =（期初资产 + 期末资产）÷ 2

【例 5–4–5】根据涛涛公司经营数据，计算其资产收益率。

月资产收益率 =184 659.76 ÷［（0+1 954 860）÷ 2］≈ 18.89%

这个指标需要和类似公司进行对比，以判断该公司的资产管理能力，进而分析该公司的资产分布、运营是否合理。

4. 净资产收益率

净资产收益率反映了股东投入资本的获利程度，其计算公式是：

净资产收益率 = 净利润 ÷［（期初所有者权益 + 期末所有者权益）÷ 2］

【例 5–4–6】根据涛涛公司经营数据，计算其净资产收益率。

月净资产收益率 =184 659.76 ÷［（0+1 184 659.76）÷ 2］≈ 31.18%

影响净资产收益率的主要因素有资产收益率和公司负债占比。通常在企业赢利的情况下，负债占比越高则净资产收益率也越高。如果企业亏损了，负债占比越高则净资产收益率就越低。

三、营运能力分析

营运能力分析（效率分析）主要分析企业资产和收入的关系。在同样的资产情况下，企业收入越多，资产周转率就越高，周转期就越短，企业的效率就越高。

1. 总资产运营效率分析

（1）总资产周转率

总资产周转率表示一定会计期间全部资产从投入到产出的流转速度，其计算公式是：

总资产周转率 = 营业收入 ÷ 平均总资产 ×100%

（2）总资产周转期

总资产周转期表示一定会计期间全部资产从投入到产出所花费的时间，其计算公式是：

总资产周转期 = 会计期间（30 天或 360 天）÷ 总资产周转率

例如，总资产周转率为 200%，表示一年内（360 天）的营业收入是总资产的 2 倍。也就是说，可以完成 2 次全部资产的回收。此时总资产周转期为 180 天（360 ÷ 200%），即全部资产从投入到产出要花费 180 天。

资产周转率越高，资产周转期越短，表示企业的运行效率越高。从管理角度看，影响总资产周转率的因素主要有营业收入和资产投入。营业收入和企业的营销能力、产品定价、产品质量相关，资产投入和企业投资决策相关。

从资产属性角度看，影响总资产周转率的因素分别是流动资产周转率和非流动资产周转率。

【例 5-4-7】根据涛涛公司经营数据，对其总资产运营效率进行分析。

月总资产周转率 =630 000 ÷［（0+1 954 860）÷ 2］≈ 64%

月总资产周转期 =30 ÷ 64% ≈ 47（天）

计算结果表明，该公司每月营业收入约等于总资产的 64%，全部资产变现约需要 47 天。

2. 流动资产运营效率分析

分析流动资产运营效率时，常使用流动资产周转率、应收账款周转率、应收账款周转期、存货周转期、存货周转率等指标，其计算公式分别是：

流动资产周转率 = 营业收入 ÷ 平均流动资产 × 100%

应收账款周转率 = 营业收入 ÷ 平均应收账款 × 100%

应收账款周转期 =360 天 ÷ 应收账款周转率

存货周转期 =360 天 ÷ 存货周转率

存货周转率 = 营业成本 ÷ 平均存货（货物流转角度，适用于大多数行业）

存货周转率 = 营业收入 ÷ 平均存货（资金周转角度，适用于房地产等行业）

应收账款周转率表明企业销售产品后，平均多长时间能收回款项。周转率越高，则周转期越短，通常表明企业应收账款管理能力较强。但如果高周转率影响了收入的增长，对企业整体发展也是不利的。

计算存货周转率时，从资金周转的角度分析，其分子可以使用营业收入。例如，房地产行业计算存货周转率就用营业收入作为分子。

需要注意，营业收入使用销售价格计算，存货使用成本价格计算。而使用营业收入计算不能体现企业实际库存的周转次数，所以大多数行业在计算存货周转率时，分子使用营业成本，也就是当期已销售货物的成本。

存货周转期表明企业现有存货的销售周期。通常存货周转期越短则企业的资产运营效率越高。

【例 5-4-8】根据涛涛公司经营数据，对其流动资产运营效率进行分析。

月流动资产周转率 =630 000 ÷［（0+1 554 860）÷ 2］≈81.04%

应收账款周转率 =630 000 ÷［（0+711 900）÷ 2］≈179.99%

由于该周转率为月度数值，周转期按 30 天计算，则

应收账款周转期 =30 ÷ 179.99%≈17（天）

存货周转率 =315 000 ÷［（0+44 400）÷ 2］× 100%≈1 418.92%

存货周转期 =30 ÷ 1 418.92% ≈ 2（天）

计算结果表明，该公司平均约 17 天可以将货款收回，存货在仓库的平均滞留时间约为 2 天。

3. 非流动资产周转率

非流动资产周转率较高通常表明企业的固定资产质量较好，其计算公式是：

非流动资产周转率 = 营业收入 ÷ 平均非流动资产 ×100%

【例 5-4-9】根据涛涛公司经营数据，对其非流动资产运营效率进行分析。

非流动资产周转率 =630 000 ÷［（0+400 000）÷ 2］=315%

以上指标需要和类似公司进行对比，才能判断该公司的资产运营效率高低。

四、发展能力分析

发展能力分析主要是分析企业过去的经营成果和财务状况，发现其变化的趋势，从而对企业的未来经营成果和财务状况进行判断。主要的分析指标如下：

1. 定比增长率

定比增长率的计算公式是：

定比增长率 =（本期数据 - 固定期数据）÷ 固定期数据 ×100%

定比分析的对比目标是固定不变的，通过该指标可以计算出企业收入、利润的变化幅度。

2. 环比增长率

环比增长率的计算公式是：

环比增长率 =（本期数据 - 上期数据）÷ 上期数据 ×100%

环比分析的对比目标是变动的，通过该指标可以计算出企业收入、利润的变化速度。

通常选取最近 5 年的收入、利润等指标作定比分析和环比分析，以发现企业收入和利润的变化规律。